ANTOLOGIA DE RÓMULO DURÓN

HONDURAS LITERARIA POESÍA

TOMO III: 1892—1899

ERANDIQUE
COLECCIÓN

**HONDURAS LITERARIA POESÍA
TOMO III: 1892—1899**
RÓMULO DURÓN

©Colección Erandique
Supervisión Editorial: Óscar Flores López
Diseño de portada: Andrea Rodríguez
Administración: Tesla Rodas
Director Ejecutivo: José Azcona Bocock

Primera Edición
Tegucigalpa, Honduras—Marzo 2025

ÍNDICE

OTRO GRAN APORTE DE DON RÓMULO **11**
PRESENTACIÓN **13**
JUAN MARÍA CUÉLLAR **17**

INTIMIDADES **19**

CELOS **22**

A ALESKA **23**

DEL LIBRO "SUEÑOS DE BODA" **26**

AL PABELLÓN CENTROAMERICANO **28**
JOSÉ ANTONIO DOMINGUEZ **31**

A LA LIBERTAD **33**

ESTROFAS **34**

CAMAFEOS PATRIOS: A LOS PRÓCERES **36**

DESPUÉS DE LA LECTURA DEL INFIERNO DE DANTE **38**

IDEALISMO **40**

EL ALMA EN PRIMAVERA **43**

BOSQUEJO PARA UN CUADRO **46**

INFELICIA **47**

ENCAJE **51**

CIENCIA Y ARTE **52**

FULGORES **57**

LA PERLA **57**

LA GUITARRA **59**

SIDERAL **62**
FILIGRANA **63**

PENSAMIENTO DE ÉMILE DE VOS **65**

FRANCESCA Y PAOLO **66**

ÁBREME **70**

LA ÚLTIMA ROSA 73

DELIA 73

TOQUES 74

BELLO IDEAL 75

LA MUSA HEROICA 75

TUS OJOS 76

LA FUERZA DE LA FE 77

NENÚFARES 77

AMOROSA 78

EL VIOLÍN ROJO 78

EL METRO REY 79

SUEÑO ROJO 80

MIS VERSOS 80

JESÚS TORRES COLINDRES 83

CAMAFEOS 85

PASIÓN 87

UMBRA 88

CANTO GRIS 89

CARTAS Y FLORES 90

¡IMPOSIBLE! 92

¿QUÉ SENTIMOS? 94

JULIO CÉSAR FORTÍN 95

MIS VERSOS 97

SUSPIROS, LÁGRIMAS, QUEJAS 98

POR SABER FUMAR 99

21 DE MARZO 99

¡ADIOS! 103

VIDA Y MUERTE 104

CARIDAD 104

AYER Y HOY 105

RIMAS 107

¿QUIÉN SOY YO? 108

CANTARES 110

ANTES Y AHORA 110
   VALENTÍN DURÓN 113

SIMEÓN CAÑAS 115

ELLA 116

EFUSIONES 116

RIMA 117

MIS CANTOS 119

A TI 119

NUPCIAS 120

ÍNTIMA 121

FELICIDAD 122

RIMA 122

ANTE TU IMAGEN 124

PARA UN ÁLBUM 125

RIMA 126

PARA TI 127

A LOLA SORIANO DARÍO 128

NOVIEMBRE 128

PODER DEL AMOR 129

MIENTRAS LLUEVE 130

LA NOCHE 131
   FELIX A. TEJADA 133

LA POESÍA 135

A LOLITA INESTROZA 137

CADENCIAS 138

TRAS LA PORTADA 139

A ROSINDA.. 140

EN LA ÚLTIMA PÁGINA DE "MARÍA" 141

CONTRASTES 142

JUAN R. VALLADARES... 147

BRUMAS.. 149

A ELLA 152

LAS MUJERES.. 152

CARLOS CÁCERES BUSTILLO 155

DESESPERACION 157

A MI HIJA ELENA... 160

DOROTEO FONSECA 161

HIMNO AL MAESTRO 163

A COLÓN.. 164

A UNA MUJER 168

JUAN RAMÓN MOLINA.................................... 173

EL ÁGUILA.. 175

SONETOS 183

AL SOL 183

LA MUERTE DEL LEÓN 184

LA CAÍDA DE LUZBEL 184

VINO TINTO.. 185

LA OLA VIENDO EL MAR 185

LA SELVA 186

EL JARDÍN 186

NERÓN 187

LA FRAGUA 187

ANTE EL ESPEJO 188

A UNA VIRGEN 189

DESPUÉS QUE MUERA 189

LA HORA FINAL 192
   FROYLÁN TURCIOS 195

BELKIIS 197

LIGEIA 199

VERSOS DE AMOR 200

NOSTALGIA 201

FLOR DE TRISTEZA 201
   DE UN POEMA 202

ACUARELA 203
   VIRGEN DEL CIELO 204
   ALBA 205
   VUELO DE PALOMAS 205

ROSA DE PECADO 206
   SENSITIVA 207
   LAS NUBES 208
   ÁGUILAS Y LEONES 209

LOS VIOLINES 210

JERÓNIMO J. REINA 213

SÍMBOLO 215

MÍSTICA 216

LA PROFECÍA 218
   MORISCO 221

A LOS MATERIALISTAS 221

¡SÁLVAME! 222
   RAFFINEMENT 222

A VIRGINIA 223
   EN LA ESCUELA 224

NOTA 229

OTRO GRAN APORTE DE DON RÓMULO

Pocos personajes se dedicaron con tanta pasión y desinterés a rescatar la historia de Honduras como don Rómulo E. Durón. El país está en deuda con él… Esa labor lo llevó a dar a conocer la producción en prosa y versos de muchos hondureños. Los tres tomos de Honduras Literaria (poesía) que publicaremos son una muestra de ello.

Hombre de una vasta cultura, hurgó archivos, compró libros y revistas, recopiló y juntó la cosecha en antologías que, a ochenta y tres años de su fallecimiento, aún perduran.

Los lectores podrán disfrutar en esta edición la poesía de Froylán Turcios, José Antonio Domínguez, Juan Ramón Molina, Juan María Cuéllar, Jesús Torres Colindres, Julio César Fortín, Valentín Durón, Félix A. Tejeda, Juan R. Valladares, Carlos Cáceres Bustillo, Doroteo Fonseca y Jerónimo J. Reina.

El período abarca veinte años, de 1892 a 1899. Desde su publicación han transcurrido 126 años.

Honduras Literaria en poesía se suma a la larga lista de obras publicadas por don Rómulo: La campana del reloj (cuento); Honduras Literaria en prosa, con escritos de José Cecilio del Valle, Francisco Morazán, Dionisio de Herrera, Ramón Rosa, Marco Aurelio Soto, Álvaro Contreras, entre muchos otros; La provincia de Tegucigalpa bajo el gobierno de Mallol; las biografías del presbítero Francisco Antonio Márquez, de Juan Lindo, de Justo Milla, de Marco Aurelio Soto y de José Cecilio del Valle; y Gobernantes de Honduras. También dedicó gran parte de su vida a rescatar las pastorelas del padre José Trinidad Reyes.

Su herencia continuó en su hijo, Jorge Fidel, y en sus nietos, donde destacan el crítico de cine Mauricio y el arquitecto Luciano, a quienes Colección Erandique agradece por la generosidad de facilitarnos la obra de su ilustre abuelo y por las veladas en el antiguo jardín familiar, acompañados de vino y café.

Pero que sea el abogado Jorge Fidel Durón, hijo de don Rómulo, quien nos cuente el resto en la presentación que sigue a continuación.

Óscar Flores López/Editor Colección Erandique

PRESENTACIÓN

Todavía está ahí, esperando la acción del acucioso investigador y estudioso, la tarea de escribir la historia de la literatura hondureña. De haber tenido el día más de veinticuatro horas, Rómulo E. Durón la habría escrito. De todos es conocido que, ambidextro, cuando la diestra se fatigaba, ahí estaba la izquierda completando con sus rasgos finos y perfectamente legibles la idea, el pensamiento, el dato precioso. Su admirable trabajo sobre los oradores sagrados, políticos y parlamentarios de Honduras, muy poco divulgado, su valiosa información sobre la historia de la Iglesia hondureña, desgraciadamente incompleta, y las treinta más obras jurídicas, históricas o literarias, publicadas e inéditas, dan un concepto de lo que él pudo hacer de haberse dedicado exclusivamente a la tarea de escribir. Pero, ahí estaba la vida enfrente y estaba la necesidad imponente de sobrevivir. Y por ello, iniciando su labor desde el año de 1887, terminándola pocos días antes de su muerte, 13 de agosto de 1942 para ser precisos, quedan apenas los libros que se consignan en la contracarátula inferior primera, las hojas dispersas que no vieron la publicidad, sus inagotables artículos de divulgación literaria, histórica o jurídica en las páginas de la prensa hondureña y del exterior.

La Secretaría de Educación Pública, que comenzó reproduciendo su valioso "BOSQUEJO HISTÓRICO DE HONDURAS", seguido del primer tomo de la "HISTORIA DE HONDURAS", emprende ahora una obra que debió haberse hecho desde hace muchos años. Porque, para la cultura de los pueblos es esencial el conocimiento de sus grandes hombres, la divulgación de sus ingenios, la propagación de sus escritos perdurables. Y la "HONDURAS LITERARIA" del doctor Durón, más apreciada y difundida en el exterior que en el propio país, se había convertido en los últimos años en lo que los bibliófilos denominan un collector's item y alcanzaba precios fabulosos en el mercado de los libros cuando era preciso e indispensable que esta obra estuviera en la mesa de todos los que escriben, en manos de todos los que leen, del jurisconsulto y del estudiante, del poeta y del prosista, para asistir con su lectura al desenvolvimiento literario de Honduras.

La visión del autor al escribirla fue demostrar el innegable reclamo que tiene nuestro país a parangonarse con orgullo con otras tierras quizá más afortunadas. Bastaría, en mi concepto, con los escritos de José Cecilio del Valle, el Sabio por antonomasia, para darle brillo a la colección en prosa. Creo que bastaría con los versos de Juan Ramón Molina para enaltecer la colección poética. No obstante, a nombres tan ilustres se agregan en el tomo de prosa, los de Dionisio de Herrera, padre de la Patria y gran hondureño que en nuestros días federales fue Jefe de Estado de tres países hermanos; el de Francisco Morazán, más conocido como héroe y como guerrero invicto; el de Juan Lindo, político y estadista; los de Francisco Ferrera y José María Cacho, hombres adelantados a su tiempo; el de José Trinidad Reyes, el inmortal autor de las "PASTORELAS"; los de Máximo Soto y León Alvarado, humanista el primero, visionario el segundo; el de Francisco Cruz, autor de nuestra primera FLORA; el de Carlos Gutiérrez, nuestro primer novelista; el de Álvaro Contreras, el orador que avasallaba; los de Crescencio Gómez y Valentín Durón, legisladores y educadores; el de Adolfo Zúñiga, orador y político; el de Céleo Arias, el autor de "MIS IDEAS"; el de Marco Aurelio Soto, el reformador, y el de Ramón Rosa, su insigne lugarteniente; el de Rafael Alvarado Manzano y el de Jerónimo Zelaya, ambos jurisconsultos e internacionalistas; los de Carlos Madrid y Jeremías Cisneros, trabajadores ilustres; los de José Esteban Lazo y Liberato Moncada, investigadores e intelectuales; el de Policarpo Bonilla, cuyo nombre llena una época de nuestra historia política; el de Carlos Alberto Uclés, poeta y erudito; el de José Antonio López, uno de nuestros primeros ensayistas; los de Ángel Ugarte y Constantino Fiallos, ambos científicos; los de Trinidad Ferrari y Alberto Membreño, escritores castizos, animadores del idioma; los de Ramón Reyes y Eduardo Martínez López, esteta el primero e historiador el segundo.

Este tomo, que contiene los poetas, se inicia con José Trinidad Reyes, el vate bucólico que cantó las cosas sencillas y, como Campoamor, "picó en el corazón"; siguen Carlos Gutiérrez, Justo Pérez, Teodoro Aguiluz, Francisco Vaquero, Jeremías Cisneros, Joaquín Díaz, Juan Ramón Reyes, Ramón Rosa, Guadalupe Gallardo, Manuel Molina Vijil, Josefa Carrasco, Carlos Alberto Uclés, Gonzalo Guardiola, José Santos del Valle, Carlos F. Gutiérrez, Adán Cuevas, Lucila Estrada de Pérez, Miguel Ricd Guardiola, Ramón Reyes, Miguel Ángel Fortín, Rómulo E. Durón, Juan María Cuéllar, José Antonio Domínguez, Jesús Torres Colindres, Julio César Fortín, Valentín Durón, Félix A. Tejeda, Juan Ramón Valladares, Carlos

Cáceres Bustillo, Doroteo Fonseca, Juan Ramón Molina, Froylán Turcios y Jerónimo J. Reina. Desafortunadamente, de esta lista representativa, fueron muy pocos aquellos que lograron que su nombre traspasara las fronteras en alas de la fama.

Era en los tiempos en que las comunicaciones estaban bastante atrasadas y era muy difícil viajar, transplantarse, cosas que son esenciales para los cultivadores de las Musas. José Antonio Domínguez descuella después de Reyes como el poeta filósofo y su HIMNO A LA MATERIA es considerado como su mejor poema. Ya hablé de Molina, el de los CIELOS, MARES Y TIERRAS, y quien dejara acabadas composiciones demostrativas de su admirable estro poético. Froylán Turcios fue el representativo más brillante del buen gusto literario en el país y su poesía romántica y sus cuentos, así como sus publicaciones antológicas, le imprimieron un ritmo de decisivo progreso a nuestras letras.

Pero, la obra quedó trunca. Hace muchos años intenté hacer la NUEVA ANTOLOGÍA HONDUREÑA, de la que se publicó una parte, siguiendo Jesús Castro Blanco con su notable ANTOLOGÍA DE POETAS HONDUREÑOS, desde 1869 a 1910, y Vicente Alemán (Claudio Barrera), con lo mejor de la producción de los poetas de su generación. Fuera de estos, sólo Rafael Heliodoro Valle, con su paciente y benedictina labor, ha intentado reconstruir la historia de nuestra literatura, y uno que otro estudioso, como Miguel Navarro y otros diligentes autores de obras de texto, han consignado trozos de lo mejor que en verso o en prosa han dejado de obra nuestros intelectuales, pero no en forma sistemática o científica.

De ahí que cobre tanta importancia la obra del Dr. Durón, una de tantas de su inagotable cosecha; y yo tengo la secreta esperanza de que, cuando estas ediciones caigan popularmente en manos de los representativos de las nuevas generaciones literarias del país, no ha de faltar alguien que, imitando su ejemplo, como dice Medardo Mejía, culmine y complete la obra con las aportaciones escogidas de nuestros hombres de pensamiento, con lo cual se habrá cumplido con el objetivo primordial que busca nuestra Secretaría de Educación y se le habrá hecho un señalado favor a la Patria.

JORGE FIDEL DURÓN

Septiembre de 1956.

JUAN MARÍA CUÉLLAR

Nació en Tegucigalpa en 1864.

En muy temprana edad obtuvo el grado de Bachiller en Ciencias y Letras, y luego se dedicó al estudio de la Medicina, que pronto hubo de abandonar para consagrarse únicamente a las tareas literarias.

Cuéllar ha permanecido mucho tiempo en las Repúblicas de El Salvador y Guatemala, en donde ha sabido distinguirse como colaborador de acreditados periódicos.

De regreso a Honduras, fundó con el Dr. don Ramón Rosa una preciosa revista literaria titulada El Guacerique, la cual fue muy bien acogida por los amantes de las letras, y después entró a formar parte de la redacción del Diario de Honduras (1893), en que publicaba interesantes trabajos de crítica literaria y composiciones poéticas bajo el seudónimo de Alén.

El Dr. don Ramón Uriarte incluyó en el tomo III de su Galería Poética Centroamericana varias poesías de Cuéllar: Últimas confidencias, En el bosque, y cinco de las rimas que ha titulado Intimidades. Las incluidas aquí son escritas posteriormente a la aparición de ese libro.

INTIMIDADES

Hasta mi último momento, oh dulce y encantadora estrella, seguiré
tus rayos siempre puros y nuevos;
y cuando ceses de lucir sobre mi vida,
brillarás sobre mi tumba.

Chateaubriand.

I

Cuando tu olvido o la muerte
Nos separen, dulce niña,
Cuando las penas te abrumen
Y no hallares un alma amiga;
lee estos versos, ellos son
de tu Alén que no te olvida;
Son suspiros arrancados
A mi gemebunda lira.

II

Mojar quiero la pluma
Para escribir mis versos
En el perfume suave
Del cándido jazmín;
Y por papel quisiera
El satinado pétalo
De la camelia blanca
Que crece en el jardín.

III

¡Cuán prisa corren las horas
A tu lado, dulce bien,
Y cuando de ti me alejo,
¡Qué lentas en su correr!
A tu lado sueño y gozo
Porque tus ojos me ven...
Lejos de ti tengo miedo
Y hasta me falta la fe.

IV

Arrullos de paloma,
Rumor de dulces besos,
Y argentino arpegio
Que entona el ruiseñor;
Eso es a mis oídos,
Eso es, amada mía,
Cuando hablas y me nombras,
El eco de tu voz.

V

Olvidarás tus promesas,
Olvidarás mis recuerdos,
Tal vez amarás a alguno,
¡Qué sólo al pensarlo tiemblo!
Pero olvidar que te quise,
Olvidar nuestros excesos
De pasión, y mis tristezas...
Eso... imposible lo creo.

VI

De mis quimeras formo
Pequeños versos,
Que llevan en su fondo
Penas y duelos.

¡Ay, son muy tristes!
Son todos ellos
Pedazos de mi alma;
Son mis recuerdos.

Cuando baje a la tumba
Yo sólo quiero
Que en mi féretro vayan
Mis pobres versos.
Han sido en este mundo
Mi gran consuelo.
Nacieron ¡pobres hijos!
De mi doliente seno.

VII

Tus ojos de paloma derramaron
Sobre mi alma afligida mucha luz;
Cuando dijiste que me amabas tanto
Renació mi marchita juventud.

¿Quién te puede olvidar, ídolo mío?
Tu voz me levantó del ataúd
Oscuro en que yacía mi existencia;
¡Bendita seas para siempre tú!

VIII

¿Qué es el amor? Interrogué a los libros,
Y la ciencia me dijo: no lo sé.
Pregunté al sacerdote, y evasivas
En el santo varón sólo encontré.

Busqué un cadáver, y con buenos lentes
Del cerebro la célula estudié;
¿Qué es amor? pregunté viendo los átomos,
Y a su silencio sepulcral temblé.

IX

Un jazmín me diste
Que aquí me acompaña,
Temblando me dice que ya no me quieres;
¡Cuánto llora mi alma!

La brillante estrella
Que juntos amamos
Temblando me dice que ya no me quieres,
Que me has olvidado.

El libro que tanto
Leíamos juntos
Temblando me dice que ya no me quieres,
Que ya no soy tuyo.

El lindo pañuelo
Que bordaste un día
Temblando me dice que ya no me quieres,
Como tú solías.

Mi doliente pecho
Que tanto te ha amado
Temblando me dice que ya no me quieres,
Y derrama llanto.

CELOS

Tengo celos del ave que le canta,
Del ambiente que riza su cabello,
Del aura embalsamada que la besa
Y de la luz del cielo.

Me encelo al ver que le hablan otros hombres,
De la flor que la adula tengo celos,
De la almohada do inclina la cabeza
Y de su blanco lecho.

De las estrellas del azul espacio,
De sus divinos, candorosos sueños,
Del libro que la gusta, de los cuadros
Que busca con anhelo.

Si le hablan sus amigos, sus hermanos,
Palpita el corazón, y dudo y tiemblo:
A tanto grado mi egoísmo llega
Que hasta de Dios la celo.

A ALESKA

I

Espíritu de luz que en las tinieblas
De mi destino brillas,
Visión encantadora de mis sueños,
Mi pudorosa niña.

Cual argentino rayo de una estrella
Entre la noche umbría
Llegó tu amor al fondo de mi alma
Y toda la iluminas.

No es la pasión vulgar la que en mi pecho
Amoroso palpita:
Es algo celestial que Dios me ha dado,
Que el idioma no explica.

¿Sabes lo que eres para mí, bien mío?
Mi esperanza divina,
Mi acariciado ideal, la alma de mi alma,
Mi aspiración, mi dicha.

Hermana de mis sueños inmortales,
Tus recuerdos me inspiran
Cosas del cielo que en lenguaje humano
No pueden ser escritas.

Y cuando pienso en ti, todo aparece
Bellísimo a mi vista;
Naturaleza entera se engalana
Rebosando de vida.

Entonces soy muy bueno, y los rencores
Huyen del alma mía,
Y amo a la humanidad, y mi existencia
Con ella fraterniza.

¡Espíritu de luz! ¡No me abandones!
¡Oh, mi Aleska divina!

Sé tú mi creencia entre las negras dudas,
Y cuando al cielo vayas, sé mi guía.

II

La luna brilla en el espacio inmenso
Cual blanca flor del firmamento azul,
Y acaricia con luz pálida y triste
Al pino enhiesto y elegante ombú.

El horizonte oscuro se ilumina,
Y alegre se alza en la región del sur
La estrella solitaria que testigo
Fue de nuestro amor en su dulce luz.

¡Oh, cuántas noches contemplamos juntos
Del infinito la explosión de luz,
Y el argentino rayo de la luna
Inspiró nuestra ardiente juventud!

Son las doce, mi bien, y todo duerme,
El mundo me parece un ataúd
Donde reposa la creación entera:
Todo está triste porque faltas tú.

III

¡Qué sueño! Grata ilusión
Que el alma explicar no sabe,
Que en lengua humana no cabe
Y que embriaga el corazón.

El cielo azul... esplendor
Del sol dorando las lomas,
Y a lo lejos las palomas
Besándose con amor.

Toca con sus pardas alas
El llano la golondrina,
Y a lo lejos la colina
Luce sus hermosas galas.

Allá en el cielo el buen Dios
Mirándonos complacido,
Y tú contemplando un nido,
Y yo escuchando tu voz.

Y en extático embeleso
Nuestras almas embriagadas,
Despertando alborozadas
Al dulce ruido de un beso...

Y promesas celestiales,
Y pensamientos divinos,
Y recuerdos peregrinos,
Y esperanzas inmortales;

Y mirar en el porvenir
Un hogar santificado
Por tu amor, y yo a tu lado
Viendo la dicha lucir...

¡Oh, qué triste es despertar
De este sueño, amada mía,
Y al brillar el nuevo día
La realidad encontrar!

IV

Es mi vida muy triste: yo aspiro
A cosas muy altas,
Ambiciono unas glorias que acaso
No pueda alcanzarlas.

Siento en mí un huracán de bellezas
Que cruzan y pasan;

Necesito dar vida a estos seres
De formas tan vagas.

En mi tedio infinito, yo busco
Una voz para mi alma
Que le diga cual Cristo a otro Lázaro:
¡Levántate y anda!

DEL LIBRO "SUEÑOS DE BODA"

I

Al juntarse dos labios que se adoran
Se escucha como de alas un rumor,
Es que ha nacido al estallar el beso
Un ángel... el amor.

II

Tierna será la vida que llevemos,
Mi bien, en nuestro hogar juntos los dos:
Cual las aves, amantes cuidaremos
El nido que conserve nuestro amor.

III

No te enojes, mi bien: que cuando tienes
Esos caprichos necios
Llego a no creerte, mi ángel,
Que no me quieres pienso.

¿No sabes tú, mi bien, que a los querubes
No les luce ese gesto?
Te voy a castigar cuando te enojes,
¿Sabes con qué...? ¡Con besos!

IV

Me han dicho que hay una gloria
Y también que hay un infierno;
Y yo digo: es verdad, al ver tus ojos
Y al tocarme el pecho.

V

¡Ya eras mi esposa! En delicioso acorde
Resonaban las notas argentinas
Del órgano del templo.
En espirales
El humo del incienso se elevaba,
Y por los vidrios de color los rayos
Del sol de la mañana descendían
A besar esa frente pudorosa
Donde imprimiera con pasión mis besos...

Yo te miraba amante, enajenado,
Y tú bajabas ruborosa al suelo
Los negros ojos que reflejan tu alma.

A lo lejos... azul era el espacio,

La parda golondrina en el alero
Charlaba del hogar.

Allí mi madre,
Mi amada madre, en el umbral te daba
Blanca guirnalda, y te besó en la frente,
Y, feliz, te estrechó con alegría
Y te dio el dulce nombre de hija mía.

Tegucigalpa, 1892.

AL PABELLÓN CENTROAMERICANO

I

Elévate a la altura,
Desafía altanero los espacios,
Que lo mereces, pabellón hermoso,
Con sólo recordar tu gran pasado.

II

Tú me recuerdas ahora,
Ostentando color azul y blanco,
La enseña con que el año de veintiuno
Hiciste pueblo libre al que era esclavo.

III

Elévate a la altura,
Como otros tiempos dignos te elevaron,
Morazán y sus huestes vencedoras,
De la batalla en los fragosos campos.

IV

Elévate a la altura,
Hermoso pabellón, inmaculado,
Y olvida los ultrajes que te hicieron
Algunos hijos, por desgracia, ingratos.

V

Tú siempre nos recuerdas
Aquellos pechos generosos, bravos,
Que daban su existencia, antes que verte
Por las manos indignas ultrajado.

VI

Alzate, y generoso
Da tu sombra a estos pueblos desgraciados,
A estos cinco jirones de la Patria,
Que han olvidado hasta que son hermanos.

VII

Alzate: la vergüenza
Tal vez haya en sus pechos germinado,
Y, al verse humildes, débiles, pequeños,
Tal vez los junte fraternal abrazo.

VIII

¡Hermoso pabellón! ¡Prenda querida
Que el pecho del patriota pone ufano!
Quiera el cielo que pronto yo te vea
Al centro de la América enlazado.

1889.

JOSÉ ANTONIO DOMÍNGUEZ

Nació en Juticalpa el año de 1869.

Trasladado a la capital de la República, hizo en ella sus estudios de colegio y de universidad casi sin más recursos que los que se procuraba por su solo esfuerzo, habiéndose graduado de Licenciado en Jurisprudencia y Ciencias Políticas en 1889.

Regresó a su ciudad nativa, y en 1893, afiliado a la revolución liberal, tuvo que salir para Nicaragua, de donde volvió después, incorporado a las fuerzas que entraron victoriosas a Tegucigalpa el 22 de febrero de 1894.

Domínguez desempeñó en el gobierno surgido de la revolución el cargo de Subsecretario de Estado en los despachos de Instrucción Pública y Justicia, durante cuatro años. Fue Diputado a la Asamblea que dictó en Managua la Constitución de los Estados Unidos de Centroamérica el 27 de agosto de 1898. En la actualidad (1900) es Magistrado Suplente de la Corte Suprema de Justicia.

Gusta como el que más de las bellas letras, y ha escrito mucho; pero dice con la sonrisa en los labios: "Que no se consagra al culto de la poesía, de un modo especial, porque la gloria sólo es para los escogidos y porque lo primero, ante todas las cosas, es vivir".

Este rasgo da a conocer la modestia de Domínguez y la idea que tiene del arte literario.

A LA LIBERTAD

¡Libertad! ¡Sol refulgente,
Numen de santos anhelos,
Precioso don de los cielos,
Inspiración de la mente!
Virgen hermosa y sonriente
De incomparable beldad;
Timbre de la humanidad,
Orgullo de las naciones,
Amor de los corazones,
Fuente de felicidad.

¿A quién tu magia no inspira?
¿A quién tu fulgor no inflama?
¿Quién, Libertad, no te ama?
¿Quién, Libertad, no te admira?
¡A ti te canta mi lira,
Por ti se agita el pincel,
Te esculpe y graba el cincel,
Te eleva altares la historia,
Te inmortaliza la gloria,
Te perpetúa el laurel!

Donde tu poder no impera,
Donde no se alza tu trono,
Donde jamás en tu abono
Tremola triunfal bandera,
La vida es triste quimera,
Un antro espantoso, sí,
Porque lo bueno está allí
Vedado, nulo, proscrito,
Porque todo está maldito
Donde se te niega a ti.

¡El hombre desde la cuna
Busca por eso tu lumbre,
Para elevarse a la cumbre

Del honor y la fortuna!
Que en tu presencia se aduna
A la esperanza el amor;
Y a tu influjo protector
Se trueca en risas el llanto,
Y todo tiene su encanto
Y tiene todo esplendor.

¡Eres el alma del mundo,
Corazón de cuanto existe,
Soplo que alienta y reviste
De flores yermo infecundo!
En tu ancho seno fecundo
Vive y crece la virtud,
Y henchido de gratitud
El ciudadano arrogante
Venera tu faz radiante
Y execra la esclavitud.

¡Si un tiempo la adversidad
Cubrió de luto y horror
La tierra de nuestro amor,
Negando tu majestad,
Bien pronto, sí, Libertad,
Volvió tu luz a esplender,
Y la vida, al renacer,
Te han vuelto culto a rendir
Los que aman el porvenir,
Los que quieren grandes ser!

ESTROFAS

I

¡Yo amo todo lo grande! Lo que altivo
Sobre el nivel de lo común se eleva:
Del mundo material las altas cumbres,
Del alma humana la gigante idea.

Más que lo bello, lo grandioso admiro;
Lo sublime, ante todo, me enajena;
Y porque el manto de los cielos bordan
Flores de luz, me atraen las estrellas.

Más que la gala del verjel florido,
Amo la pompa de salvaje selva;
Y más que de las fuentes el murmullo
Me encanta de los mares la tormenta.

Desdeño la hermosura de un palacio
Delante las pirámides eternas;
Y más que el cuadro del pincel de Apeles
O el dulce arrullo de la lira orfea,
Me seduce el buril de Miguel Ángel,
Me inspira de Rouget La Marsellesa:

Que algo busca mi espíritu en las cosas,
Grande como la sed que le atormenta;
Y por eso desprecia lo mezquino
¡Y rinde culto a lo que audaz se eleva!

II

Yo admiro al sabio que estudiando vive
Y los misterios del Creador penetra;
Yo admiro al héroe que con gloria muere
Entre el fragor de la feral pelea;
Admiro al hombre de virtud modelo
Que de la vida el oropel desprecia;
A las que aman el negro sepulcro,
Que con su inspiración al cielo llegan.

Pero más que la ciencia de los sabios
Y del héroe el valor, más que la austera
Virtud del bueno y del artista el numen,
Venero de los genios la potencia.

¡Semidivinos seres! A ellos sólo
Escalar les es dado la suprema

Región a donde ni el águila se atreve
Y el arcano escrutar de la existencia:
Sólo ellos, extasiados, mirar pueden
Al almo sol de la eternal belleza;

Y ellos tan sólo, para dicha y pasmo
De la doliente humanidad, revelan
En palabras de fuego, apocalípticas,
¡De lo infinito el inmortal poema!

1890.

CAMAFEOS PATRIOS: A LOS PRÓCERES

JOSÉ CECILIO DEL VALLE

Descubríos ante él, porque es el sabio
Ungido con el óleo de la ciencia,
Que, anticipando un siglo su existencia,
Le coronó la gloria, en desagravio.

Descubríos ante él, porque su labio
Derramó esplendorosa la elocuencia,
Y cual foco de luz su inteligencia
Lanzó al error y a la ignorancia agravio.

Él es el pensador grave y austero;
El amigo de Bentham erudito;
De nuestra cara Patria, honor y lustre;
El que su nombre eternizó el primero,
Y el que, escuchando de su pueblo el grito,
¡De Libertad el Acta escribió ilustre!

FRANCISCO MORAZÁN

Él es el semidiós de nuestra historia,
Que, cual un nuevo Homero, con su espada
Escribió la epopeya de otra Ilíada
Y se bañó en los lampos de la gloria.

Paladín inmortal, que la victoria
A su genio mantuvo esclavizada,
Y de laurel la frente coronada
Vive del pueblo en la feliz memoria.

Luchar con la reacción fue su delito;
Fue unir a Centroamérica su anhelo;
Mas el triunfo esquivóle al fin la suerte;
Y recorrió el vía crucis del proscrito;
Y cuando pudo redimir su suelo,
Mártir excelso, ¡fue un Tabor su muerte!

JOSÉ TRINIDAD REYES

Levita inmaculado, cuya vida
Fue de virtud y austeridad modelo;
Su palabra doquier brindó consuelo
Porque fue cariñosa y fue sentida.

De Teócrito y Virgilio, siempre unida
La dulce inspiración tuvo en su anhelo;
Y fue para los hijos de este suelo
Providencia feliz, alma querida.

La vida de los campos placentera
Supo cantar con fácil caramillo,
Describiendo el amor de los pastores;
Sus églogas e idilios forman era:
Fueron la dicha del hogar sencillo
Y hoy ¡su nombre inmortal cubren de flores!

JOSÉ TRINIDAD CABAÑAS

Valiente entre valientes, fue sincero
Patriota, ciudadano esclarecido;
Y nadie mejor que él ha merecido
Compararse a Bayardo el caballero;

Porque fue, en realidad, como guerrero
El adalid más noble y bien nacido,
Que aun no triunfando, de laurel ceñido,

Siempre aclamado se miró el primero.
Jamás en los peligros del combate
Trepidó su valor, ni su hidalguía
Pudo verse pospuesta ni humillada;
Porque fue un corazón que altivo late,
Un alma grande que al honor se fía,
¡Y la más pura y refulgente espada!

DESPUÉS DE LA LECTURA DEL INFIERNO DE DANTE

Por tu sublime espíritu guiado,
Como tú por la sombra bienhechora
De Virgilio, en tu Infierno he penetrado.

Con sed de lo insondable abrasadora
Y el alma por lo eterno sacudida,
Te he seguido con ansia, hora tras hora.

Y de la Obscura Selva do la vida
Se extravía, he bajado hasta la puerta
De la Ciudad Doliente y maldecida.

Aun su inscripción fatal en mí despierta
Honda desolación: allí, implacable,
Del que entra he visto la esperanza muerta.

Y he sentido en mi ser el espantable
Vértigo que despuebla lo infinito
Y en su lugar coloca lo execrable...

De Beatriz el espíritu bendito
Evocas en tu ayuda, y sus amores
Llevan tus pasos al final prescrito.

Su virtud, noble égida en tus terrores,
Me da aliento, y contigo los impuros
Antros visito de expiación y horrores.

Y pasan como en mágicos conjuros,
Asombrando mis ojos, los tormentos
Y los suplicios del culpable, duros.

Y escucho sus sarcasmos, sus lamentos
E irónicas blasfemias: tras el crimen
Veo estallar los hondos sufrimientos.

La desesperación de los que gimen,
La rabia y el dolor que nadie calma,
Las penas que con nada se redimen.

Y helada y muda de pavor el alma,
Espectros miro entre la niebla obscura
Cuantos hollaron de virtud la palma.

De Francesca y Paolo veo impura
La lujuriosa escena repetida,
Del placer despertando en la amargura.

Y muchas sombras más: allí se anida
Farinata, acostado en tumba que arde
De que alzarse no puede: ¡alma perdida!

Fiero, a Beltrán de Born se ve más tarde
Tronchada la cabeza andar sin tino,
Como quien fue de la discordia alarde.
Después... ¡cómo seguirte en tu camino!
Un fantasma nos muestras, monstruo huraño
Que devora a sus hijos: Ugolino.

Y el pasmo no concluye: inmenso, extraño,
De tu poema esbozas las creaciones
Con colorido tal que no es engaño.

Tú evocas como nadie las visiones;
¡Oh, Dante sin igual! Tu genio crea
El mundo de lo ignoto. Tú te pones

Sobre la humanidad con roja tea
Y alumbras el arcano sempiterno
Tras que la mente lucha y forcejea.

Tu obra colosal no es ilusoria:
Quien te lea no duda que hay infierno;
Pues sabe que el infierno está en la historia,
Que a los malos condena en juicio eterno,
Y a los genios cual tú les da la gloria.

IDEALISMO

I

¡Ah! No rompáis de la ilusión el prisma,
No despojéis de su espejismo al alma,
No introduzcáis de la impureza el cisma,
No le arranquéis al corazón su calma:
Ved que la torpe realidad abisma,
Ved que le quita a la virtud su palma,
Ved que el arcángel del amor destierra,
Y, la existencia convirtiendo en duelo,
Hace un erial de la fecunda tierra,
¡La fe destruye y aniquila el cielo!

II

No deis jamás oídos
A esa fatal y mísera teoría
Que la materia endiosa
Y eleva sobre el alma los sentidos;
No prefiráis la prosa a la poesía
Cuando es triste la prosa
Y mata el entusiasmo y la armonía.

No echéis al fango todas las creaciones
Que adornan la existencia;
Abandonad del polvo los rincones,
No enturbiéis el cristal de la conciencia,
Dejad las ilusiones
Que forman nuestro orgullo y nuestra creencia.

Ved que algo es lo ideal: numen divino
De soberana esencia
Que embriaga el corazón y abre el camino
Que va tras algo hermoso y algo grato.
No importa que en la vida transitoria
En que todo es ingrato
Sean humo el amor y humo la gloria.
Ya que el mundo es escoria
Desviemos de él los ojos y, extasiada,
Fijemos la mirada
En las visiones que la mente crea.

Si somos en lo real tan infelices,
Aunque el ideal una mentira sea,
Pues nos hace felices,
Gocémonos en él y el mundo vea
Que sabemos vivir a nuestro modo
¡Y de placer lo revestimos todo!

III

¡Es tan dulce soñar! Tal embeleso
Se siente en lo que no es, que el alma ansiosa
Anhela el casto beso
De la ilusión, aunque mentida, hermosa,
Y contemplar no osa
La torpe realidad fría y adusta.
Si el hombre no soñara
Cuanto le halaga y gusta,
De su desgracia ante la saña injusta,
Ha siglos que en la tierra no alentara.
Es lo ideal el suspirado cielo
Que Dios al hombre ha dado

Para que encuentre a su dolor consuelo.
Infeliz del que sólo ha contemplado
La aspereza del mundo y su miseria,
Y nunca se ha elevado
En las alas sutiles de su anhelo
¡De lo sublime en pos!
Que la materia
Es sombra de la vida
Y el ideal es luz: alba querida
De cambiantes fulgores,
Antorcha bendecida
Que irradia los amores
Y que nos hace contemplar de flores
La existencia vestida:
Encantada linterna
De mágicos, magníficos mirajes
Que al corazón hechiza
Y le hace ver de la beldad eterna
Reflejos y celajes:
Lampo de lo increado, la sonrisa
De los ángeles pura,
¡Cuánto brilla y fulgura,
Cuánto a través del cielo se divisa!

IV

No matéis lo ideal; no más cinismo:
¿A qué estrechar el alma en tan pequeños
Círculos de egoísmo?
Dejad que en la azulina lontananza
Del cielo de los sueños
El alma se despliegue.

Dejad que nos arrulle la esperanza
Con sus cantos risueños.
Dejad que lo ideal al pecho llegue
Y, cuando sufra, que le dé bonanza
Y, cuando goce, en el placer le anegue.

Que su fulgor nos llame
Siempre como un imán tras de lo bello;
Que nos brinde ventura;
Que el corazón sus espejismos ame;
Que ilumine nuestra alma su destello
Y que en pos de la altura
¡Nos haga ver de lo sublime el sello!

Septiembre de 1892.

EL ALMA EN PRIMAVERA

En el azul celeste de mi alma,
Donde irradiaban puras las estrellas
Como flores de lis de áureos reflejos;
Y la luna, esa pálida princesa
Que en su góndola boga, parecía
Derramar con su luz llanto de perlas:
Y el éter silencioso y transparente,
Nubes de nácar y ópalo, ligeras,
Surcaban apacibles, como sueños
Que se esfuman y pierden en la niebla...

En ese campo azul, vago y tranquilo,
Palio que cubre de la edad primera
El tesoro castísimo, inefable,
Que forma un paraíso de la tierra:
Mundo encantado de batir de alas,
Dulcísimo perfume de violetas,
Rumoreos de nido y de follajes,
Visiones cual de vírgenes angélicas
Y cadenciosos, rítmicos latidos
Del corazón que como un arpa tiembla.

En esa comba de zafiros, donde
El pensamiento plácido navega
Sin objeto ni fin, como perdido
Tras yo no sé qué idealidad excelsa

De mágicos destellos: de improviso,
Como explosión flamígera y sidérea
De claridades y esplendores de Orto,
Que en vivos lampos inflamó la esfera
Y en róseas tintas coloreó el espacio,
—Extendiendo su clámide áuri-espléndida,—
De un nuevo sol la refulgente aurora
Sonriente apareció, cual si surgiera
Una nueva creación dentro del alma...

Y entonaron sus líricas endechas
Las aves de los bosques; susurrante
La brisa discurrió por la floresta,
Arrullos despertando entre los nidos;
Entreabrieron sus pétalos de seda
Las flores del verjel, como extasiadas,
Enviándose unas a otras, tremulentas,
Sus besos en perfume; gotas de iris
Temblaron, cintilantes, en la yerba;
"Los invisibles átomos del aire,"
Como encendidos por la lumbre regia,
Cual diamantinas chispas abejearon;
Y la sangre, corriendo entre las venas,
Cual si de presto se trocara en lava,
Enardecida por la llama intensa
De aquel astro con rayos de topacio,
Rebosando de savia y vida nueva,
Del corazón al corazón fluía,
Que a la embriaguez de la ilusión primera,
Feliz, enajenado y palpitante
Se despertó por fin. ¡Hora suprema
De encanto y bendición! Mi mente loca,
Cobrando alas, vigor y rauda fuerza,
Como águila caudal alzó su vuelo
Y remontóse a la región eterna
De donde manan todos los deliquios,
La sacra inspiración de los poetas,
El temblor musical de los arpegios,
Los azulados sueños que enajenan

Y todo lo que ardiente o fascinante
De sin igual dulzura el alma anega.

De aquel sol a los rayos brilladores
Transformóse mi ser, mi vida entera
Se abrasó con su luz; dentro mi alma
Se abrieron perspectivas halagüeñas,
Y dentro el corazón entusiasmado,
En brotes de inmortales florescencias,
Luminosas y aladas rebulleron
Miriadas de ilusiones hechiceras;
Y sentí, estremecido, levantarse
Dentro de mí, como en ardiente hoguera,
Deseos no sentidos, ignorados,
Ansias desconocidas y secretas,
Toda la sed de la pasión, la fiebre,
La fiebre del placer, que, audaz y férvida,
Inundó mi existencia de espejismos
Y trastornó de sueños mi cabeza...

¡Ah! Yo anhelaba entonces con locura,
En ansiedad de goces nunca llena,
Para encantar el yermo de mi vida,
De dichas y de glorias un poema;
El ánfora divina de los dioses,
Colmada de ambrosías y de néctar;
Del insondable amor nunca agotado
La fuente cristalina y siempre tersa;
Torrentes de placeres y dulzuras,
Oleadas de efusiones sempiternas,
Y para colmo del ardiente vértigo
Que consumía mi existencia entera,
Un cáliz desbordado e inacabable
De inmortales delicias y ternezas,
De suspiros, de lágrimas y besos,
De caricias celestes y supremas,
De exquisitas fragancias y de efluvios,
Cual de ángeles cruzando por la tierra...

¿Qué sol era aquel sol que así esplendía
En mitad de mi vida antes serena?
¿Qué sol era aquel sol que de repente
Me deslumbraba con su lumbre espléndida?
¿Qué sol era aquel sol? Era el divino,
Dorado sol, que al irradiar incendia
El joven corazón, y a cuyo influjo
Brota el amor, que con su cauda regia
Por el cielo del alma, como un bólido,
Atraviesa fugaz y centellea:
Era el sol germinal de los amores
Que al despuntar la juventud risueña
A su alcázar venía, porque el alma
Exuberante estaba en primavera.

Tegucigalpa, 1894.

BOSQUEJO PARA UN CUADRO

Frente a la verja que el recinto cubre
Del extenso arbolado de la quinta,
Cuyo paisaje espléndido subyuga
Al corazón lo mismo que a la vista;
Bella, con la hermosura de una sílfide
Y espiritual como la gracia misma;
En actitud contemplativa y honda,
En el espacio absortas las pupilas,
Y el pensamiento, pájaro invisible,
Flotando en la región de las delicias;
Ved a Cora, la niña de ojos garzos,
De esbeltísimo talle y de faz linda,
Que el césped huella con su planta breve,
Encantadora cual campestre ninfa.

Miradla en su inefable desvarío,
Cada vez más hermosa y atractiva;
Con su traje blanquísimo de nieve

Salpicado de azules florecillas;
A su cintura con donaire atado
Un listón amplio de color de lila;
Sueltos a sus espaldas los cabellos
Que ondean a los besos de la brisa;
Sobre su sien el sombrerito alado
De pajilla de Italia y plumas gríseas;
Y en sus pulidas manos enguantadas
Con guantes de sedosa cabritilla,
El abanico rojo con que juega
Y al rubí de sus labios aproxima.

Del sol poniente los oblicuos rayos
A través de los árboles cintilan,
Y un haz de sus madejas luminosas
Surca la frente de la dulce niña
Y corona el cerquillo de sus bucles
Con nimbo de oro que irradiante brilla;

Y una paloma que del nido vuela,
No sé si deslumbrada o sorprendida,
Creyéndola tal vez inmoble estatua,
En su hombro de cisne se reclina...

En tanto, con hierático respeto,
Naturaleza en calma no suspira
Y silenciosa ofrece un cuadro vivo
Al toque del pincel o de la lira.

INFELICIA

I

Se advertía en su rostro pensativo
Esa huella imborrable y prematura
Que el infortunio deja en los que abriga
Con su pañal de sombras en la cuna.

Se advertía en su porte y en sus actos
Esa secreta, indefinible angustia

Que da tinte sombrío a las ideas
Y los espacios de la vida anubla.

Se dejaba entrever en su sonrisa,
Sarcástico disfraz de la amargura,
Yo no sé qué... dijérase que su alma
Se sumergía en piélago de brumas.

Se comprendía en su palabra extraña
El eco de sus ansias más ocultas,
Y el tropel de sus locos pensamientos
Acosados sin tregua por la duda.

Se adivinaba en todo su conjunto,
Que la desgracia bosquejó fecunda,
La nostalgia terrible de algún astro
Condenado a eclipsarse en la penumbra.

Había, en realidad, algún misterio,
Algún arcano de inquietud profunda,
Que, arrojando contrastes en su espíritu,
Le destrozaba el corazón con furia...

II

Así lo conocí: de aspecto triste
Casi siempre; risueño casi nunca;
Forjando en su cerebro mil quimeras,
Pero, infeliz, tronchándolas una a una.

Así lo conocí: rodeado siempre
Por la prosaica realidad; y en lucha,
En lucha pertinaz por los ideales
Que el mundo enloda y destruir procura.

Lo recuerdo muy bien: decepcionado,
Eterno visionario; siempre en busca
De la mitad de su alma que faltaba
Para integrar la que alentaba trunca.

Anhelando el reposo y no la dicha,
Como un proscrito a la humanal fortuna;
Y aspirando imposibles y soñando,
Soñando siempre con febril locura.

De su romanticismo en la neurosis,
¡Cuántas veces de su arpa gemebunda
Las notas al brotar se entrecortaban
Por el sollozo de una pena oculta!

¿Qué suerte le esperaba? No era incierto
Augurar cuál sería: en su faz mustia
Revelábase el pálido suicida
Sonriendo con fruición ante las tumbas.

III

Lo ignoto le atraía: el precipicio
Que abría ante su pie su boca oscura
Le llenaba de vértigos la mente,
Le impelía a caer con fuerza ruda.

Como en el mar la tempestad, rugieron
Las pasiones en él: copos de espuma,
Sus sueños de color rizaba una ola
Y otra los sepultaba con bravura.

El vicio tentador, la faz risueña
Y en la mano empuñando copa ebúrnea,
El engañoso absintio le ofrecía
Para aturdir con él sus amarguras.

Y en los festines locos de la orgía,
Donde la luz de la razón se turba,
Rindió culto al placer de los sentidos
Y transformó en bacante su aérea musa.

Amó la realidad de la materia
Con el amor sensual; y ante la impura
Mesalina de plásticos contornos,
Psique la espalda le volvió confusa.

Y fue de entonces semidiós caído
Del olímpico trono de su altura,
Que, abatiendo sus alas por el cieno,
Se degradaba en la social barahúnda.

IV

Su espíritu infeliz, vivo destello
De flamígera antorcha de luz pura,
Velábase entre sombras como un astro
Que desciende al ocaso envuelto en brumas.

Flaqueaba su razón; y algunas veces,
Cual si estuviera loco, horrible duda,
Como áspid se enroscaba a sus ideas,
Cada vez menos claras y más turbias.

Su pensamiento, claudicando triste,
Languidecía en vacilante umbra
O se agitaba en torbellino raudo
Como un espectro que a la vida pugna.

El manicomio odioso, su silueta
Proyectaba espantosa pero muda,
Y, muerto para el mundo, presagiábale
Aun más siniestro horror que el de la tumba.

¡Y pensar, y pensar que su alma ardiente,
Águila destrozada en cruenta lucha,
Se hundiría bien pronto en la vorágine
De la fatalidad negra y profunda!

¡Oh! Era mejor morir, morir cien veces
Antes que soportar suerte tan cruda:
Resignado sentíase para ello:
Era inútil luchar con la fortuna.

Y una mañana gris, como son siempre
Las horas del tormento o de la angustia,
Contra sus sienes disparando un arma,
Despidió al mundo y saludó la altura.

ENCAJE

Me agrada el plasticismo de la forma,
La corrección de líneas del trasunto,
La muelle morbidez de los contornos
Y el relieve curvado de los músculos;
La frígida expresión de los perfiles
Que animados parecen y están mudos;
El tesoro adormido de las gracias
Y el nevado candor, casto y desnudo;

Que en el bloque de mármol transformado
Al golpe del cincel, diestro y fecundo,
Ostenta la estatuaria en la flamante,
Radiosa encarnación de un cuerpo ebúrneo:
¡Como que tiene la materia tosca
Un resplandor de lo divino oculto,

Que sorprende la mano del artista
Y lo presenta deslumbrante al mundo!

¡Como que existe un fondo de hermosura,
De santidad y sensualismo puro,
Que, como alma de todo lo terreno,
Emerge alado, incitador efluvio!

La armonía que ondula y cabrillea,
Acaricia al contacto y tiembla al pulso,
Y con su hechizo lánguido que arroba,
¡Tienta al deseo y predispone al culto!

1894.

CIENCIA Y ARTE

Composición leída en la inauguración
de "La Juventud Hondureña".

Cuando en el vasto campo de la ciencia
O en la esfera magnífica del arte,
Entusiasta y febril, con la vehemencia
Que su audacia le inspira,
La juventud tremola su estandarte,
Enciende como sol su inteligencia,
Y ansiosa del laurel de la victoria,
Cuyo esplendor aspira,
Se apercibe a las justas del talento
Y se embriaga de triunfos y de gloria:
Es grande su misión, noble su intento;
Hay sello que da lustre a su destino,
Y merece encontrar en la jornada,
Si no el aplauso que le infunda aliento
Y acorte su camino,
La emulación que le alza de la nada.

La juventud es águila potente
Que no ha tendido todavía el vuelo,
Pero que puede remontarse al cielo
Y en lumbre sideral bañar la frente.
Dadle aire, luz y espacio: esto es bastante,
Y la veréis, a impulsos de su anhelo,
Ansiosa y arrogante,
Escalar de improviso

La cúspide escabrosa y dominante
Donde la diosa del saber sus dones
Prodiga a los mortales con su hechizo
De magnas y supremas concepciones:

La ilustración radiosa
Que todo lo esclarece y dignifica;
El juicio filosófico y profundo
Que verdades eternas comunica;
El concepto elevado en que rebosa
La ardiente savia de un ideal fecundo;
La elocuencia sublime
Que, arrolladora, su poder imprime,
Alma de fuego que estremece al mundo;
La intuición soberana
Que, al brotar de la sien, asombra el labio;
Y, tempestuoso, el verbo de la idea
Que en condensar se afana
El pensamiento colosal del sabio,
¡Que a un tiempo brilla, abrasa y centellea!

Dadle aire, luz y espacio: esto tan sólo,
Y la veréis, sedienta por lo bello,
Levantarse con vuelo soberano
Al Olimpo de Apolo,
Donde las musas, con astral destello,
Vierten sobre las sienes del humano
La incomprensible magia que fascina:

El numen prodigioso
Que exalta y llena de entusiasmo el alma
En dulce arrobo, en asunción divina;
El estro indefinible y luminoso
Que hace surgir el pensamiento en calma
Flamante, osado y a la vez hermoso;
La inspiración suprema
Que, cual toque de luz, esculpe y quema
Y es la sola potencia creadora;
La armonía cadente,

Temblante, arrulladora,
Que en diapasón dulcísimo y creciente
Su cascada de perlas evapora;
Y el ingenio pujante
Que a los fulgores del ideal aduna
Todo el caudal de un corazón amante
De levantados sentimientos cuna:

Para verter su inacabable hechizo,
Reflejo sin igual del Paraíso,
Del poeta en las magnas producciones
En que ora canta, o apostrofa, o gime;
Del pincel y el buril en las creaciones,
De madonas seráficas trasunto;
O en la gama sublime
Del arte musical, que encanta, oprime
Y eleva al cielo: ¡seductor conjunto
De aladas y celestes vibraciones!

Allanad su sendero de algún modo,
Para que pueda ser sobre la tierra
La encarnación de todo
Lo que le toca ser: cuanto se encierra
En el abismo oscuro
Del misterioso campo del futuro;
Cuanto brilla y fulgura,
Cuanto de noble y libre se alza grande,
Cuanto mira a la altura,
Cuanto palpita de inefable y bueno,
Cuanto en el mundo del saber se expande,
Cuanto del arte en la extensión se agita;
Porque la juventud lleva en su seno,
Lo mismo que la nube el rayo ardiente,
El ansia por la luz que es infinita,
Y el germen bendecido,
Sublime, indeficiente,
De un porvenir mejor, indefinido;

Y por eso es que, ansiosa y con orgullo,
Heraldo del progreso se proclama;
Une al destino de su patria el suyo
Y marcha con tesón, marcha adelante,
Presintiendo victoria
Y en busca de la fama,
Extendiendo a los aires su oriflama,
¡Alma de niño y corazón gigante
Que arrullada se siente por la gloria!

La ciencia: antorcha que ilumina el mundo,
De la verdad mostrando los arcanos,
Es como nuevo Génesis fecundo
Que la creación completa;
Que engrandece y transforma a los humanos,
Que ensancha su horizonte, y su destino
Llena de gloria con afán profundo:

Pone el rayo flamígero en sus manos
Que al capricho de Franklin se sujeta;
Hace cruzar el piélago marino
A Cristóbal Colón, nuevo profeta
Que de este otro hemisferio abre el camino;
Demuestra a Galileo
Lo que antes ignoraba Tolomeo:
Que la Tierra se mueve y que gravita
Alrededor del Sol, eterno foco
De atracción infinita.

Pero mirad el arte;
Contemplad las bellezas que resume:
Tesoro inagotable que reparte
Convertido en esencia y en perfume,
En color, armonía y canto y nota
Que hermosamente brota
Y llena de esplendores
El carmen de la egregia fantasía.

El arte es Miguel Ángel y el Ticiano,
Rafael y Murillo,
Que al Sol robaron su esplendente brillo
Para pintar, con mágicos pinceles,
El contorno extrahumano
De sus cuadros divinos.

El arte es la belleza,
Como es la ciencia la verdad. El hombre
Que ambiciona y que busca la grandeza,
La gloria y el renombre,
Tan sólo en su regazo halla la fuente
En cuyas ondas, al bañar la frente,
Del negro olvido ha de salvar su nombre.

La juventud que ahora,
En nuestra patria, altiva se levanta
Y a seguir esa senda se adelanta,
Es digna de ser grande y triunfadora.
Ojalá que en los campos del futuro,
Con la luz de la ciencia que atesora
Y al influjo del arte, con el puro
Sentimiento supremo del civismo,
Levantando a su patria del abismo,
Donde ha sufrido tantas amarguras
Por ruines y desleales,
Al coronar sus sueños ideales,
Entre efusiones puras,
Sean sus lauros en honor de Honduras,
Recuerdos inmortales
¡Que guardará la historia en sus anales!

Tegucigalpa: 11 de junio de 1894.

FULGORES

¿En dónde está el audaz que en su osadía,
Del astro-rey del día
Pueda ver frente a frente el ígneo rayo,
Sin que al instante no le ofusque el fuego,
Y débil, casi ciego,
No le deje entre sombras y desmayo?

¡Tan solamente al águila altanera
Que a la cerúlea esfera
Se remonta feliz, con raudo vuelo,
Le es dado ver al sol de lo infinito
Y clavar de hito en hito
Las pupilas en él, con vivo anhelo!

¿En dónde está el pigmeo agigantado
Que pueda, embelesado,
Contemplar de la gloria los fulgores,
Sin que al instante su radiosa lumbre
Sus ojos no deslumbre
Y de la noche le hunda en los horrores?

¡Tan solamente al genio, águila humana
Que en escalar se afana
La región infinita de la idea,
Le es dado contemplar por el destino
El resplandor divino
De la gloria, astro-rey que centellea!

1894.

LA PERLA

Por la belleza artística atraídos,
Se hallaban una noche reunidos
En la risueña sala de una actriz
Varios nobles, burgueses y banqueros,

Y, ofuscado entre tales caballeros,
Un poeta inmortal, pero infeliz.

La reina del proscenio se mostraba
Sobre un diván soberbio, y cautivaba
Por su hechizo y su gracia singular,
Ostentando además aquella noche,
Sobre el ebúrneo pecho, en áureo broche,
Una joya magnífica y sin par.

Era una hermosa y reluciente perla
Que hubieron todos de admirar al verla,
Ponderando su brillo y su valor,
Al grado que la dueña del tesoro:
"La subasto", exclamó, "quien dé más oro
Podrá ser en seguida el poseedor."

Y crecían las sumas y crecían,
Y posturas enormes sucedían,
No cesando un instante de ofrecer;
Y la perla valía una fortuna
Como jamás pudo costar ninguna,
Pero nadie llegábala a obtener.

Uno solo entre aquellos circunstantes
Permanecía absorto como antes,
Sin atreverse a proponer, quizás:
El pálido poeta, el de los versos
Sentimentales, armoniosos, tersos,
Rico por sus ensueños, nada más.

Su silencio al notar, dijo la bella:
"Sólo vos nada me ofrecéis por ella:
¿No tenéis por ganarla aspiración?"
Y el poeta repuso,—despertando
Como de un sueño,—con acento blando:
"¿Queréis por esa perla el corazón?"

"¡Aceptado!" exclamó con alegría
La predilecta alumna de Talía:
"Vuestra es la joya: ¡habéis triunfado, sí!"
Y, provocando envidias y rencores,
El divino cantor de los amores
Fue el más feliz y afortunado allí.

LA GUITARRA

¡Oh reliquia vibrante de lo pasado!
¡Oh manantial perenne de la dulzura!
¡Oh instrumento armonioso, nunca olvidado!
¡Oh confidente ingenuo de la ternura!

De tus cuerdas, heridas con roces suaves,
Bajo la mano emergen alados sones,
Cual si, al romper del alba, canoras aves
Preludiaran un coro de sus canciones.

Tú traduces fielmente cuanto en el alma
Es placer o tristeza, dicha o congojas;
Conmociones, deliquios, raptos de calma,
Ruido de alas y besos, de brisas y hojas.

Se compendia en tu ritmo, por varios modos,
La policroma escala del sentimiento:
Tu armonioso lenguaje lo entienden todos;
Siempre arroba o conmueve tu dulce acento.

Tú avasallas el mundo que se embelesa
Y ante tu regio encanto la frente inclina,
Ya en el palacio vibres de la princesa
O en el hogar do mora la campesina.

Mientras los corazones, como un aviso,
Sientan de la esperanza gratos murmullos,
Florecerán tus notas con el hechizo
De un volador enjambre lleno de arrullos.

Tú despiertas dormidos castos ensueños
Que su perfil esbozan en lontananza,
Y derramas el filtro de los beleños
Cuando al gemir te juntas de una romanza.

Tú, en las bullentes juergas más populares,
Tienes los bordoneos de risas locas,
Mientras el aire atruenan recios cantares
Que en su entusiasmo vierten líricas bocas.

Tú, en las volubles danzas a que se entrega
La muchedumbre alegre, rauda y festiva,
Marcas con tus compases la dulce brega
De los talles que ondulan con gracia viva.

Tú tienes el salero y el desparpajo
Del amor que chispea, lleno de ardores,
Entre la ardiente moza y el joven majo,
Gárrulos de palabras y de colores.

Tú presides el fausto de los placeres
De las almas que liban dichas reales,
Y en perspectiva finges a tristes seres
Quimeras tan hermosas como ideales.

Tú evocas los recuerdos más bendecidos
De marchitadas glorias y goces puros,
Y todo un mundo surge de tus sonidos,
Como al mágico ensalmo de los conjuros.

Tú eres el lenitivo que halla a su pena
El pobre enamorado que desconfía,
Y a ti tan sólo hermana su cantilena
Por ver si ablanda el ceño de suerte impía.

Tú, en las azules noches de blanca luna,
Acompañas y llevas la serenata
Del trovador insomne que, sin fortuna,
Canta bajo los muros de alguna ingrata.

Tú, por doquier, esparces con tus gorjeos
Una atmósfera tibia, plácida y riente,
Saturada de arranques y devaneos
Y llena de locuras y de ansia ardiente.

Tú descuellas radiante, gentil y airosa,
Cuando tu débil caja, como en un trono,
Sobre el regazo imprimes de alguna hermosa
Que de pulsar tus cuerdas tiene el buen tono.

Tú eres el consejero tierno y amable
Del amor que se calla, casto y sublime,
Porque tus discretos, más adorable
Tornan al ser amado por quien se gime.

Tú eres la eterna clave de la dulzura,
El bienhechor consuelo de la desgracia,
La promesa elocuente de la ventura
Y el vocero chispeante de toda gracia.

Tu imperio abarca el mundo de la belleza;
Tu cetro no decae, nunca declina,
Ya en el palacio vibras de la princesa
O en el hogar do mora la campesina.

Y en tanto que en los pechos, como un aviso,
Ritmen de la esperanza gratos murmullos,
Florecerán tus notas con el hechizo
De un celestial enjambre lleno de arrullos.

Diciembre de 1894.

SIDERAL

¡Oh! ¡Ved cómo la noche se atavía
Con su cerúleo manto salpicado
De sideral temblante orfebrería,
Y más hermosa que la luz del día
Muestra de sus hechizos el tocado!

¡Ved cómo se estremece y se abrillanta
La límpida extensión del horizonte;
Un rumor como de alas se levanta
Y con sublime palidez que encanta
La luna surge del azul de un monte!

¡Ved cómo en mate resplandor que albea
El espacio se inunda, y de improviso
Cuanto en redor se mira se hermosea,
El pensamiento alado se recrea
Y la tierra simula un Paraíso!

¿No sentís en el alma el casto beso
De esa radiosa y argentada lumbre,
Como de una ilusión el embeleso
Que os hace ver en inefable exceso
De la dicha del cielo una vislumbre?

¿No os parece sentir como que brota
De allá del corazón, sensible y pura,
Una suprema, inolvidable nota
Que arrulla vuestros sueños con ignota,
Romántica y dulcísima ternura?

¿No os embriaga el cantar de una esperanza
Que endulza o que suaviza los dolores
Y en transportes de vaga venturanza
Os finge en la azulina lontananza
Ansias, recuerdos, idealismo, amores?

¿Vuestro espíritu inquieto no desliga
Los lazos que le juntan a la tierra,
Y, ave de luz a quien el mundo hostiga,
A las estrellas y al azul se liga
Y por los campos siderales yerra...?

¡Es que la noche, cuando el velo extiende
De sus misterios, tórnase en santuario,
En donde absorta el alma se suspende,
Porque en sus aras el amor enciende
El sublime fanal de su sagrario!

FILIGRANA

¡Estrella de lo ideal que mi alma guías,
No te extingas jamás...! ¡Que tu luz siempre
Me dé su resplandor...!

Tú has alumbrado,
En el espacio azul de mis quimeras,
Mis pasados ensueños de ventura,
Cuando, con santa fe de adolescente,
Virgen el corazón a la desgracia,
Y sin temer dolores sobre el mundo,
Mi paso adelantaba por la vida,
Presintiendo doquier, ante los ojos,
La imagen del placer...

Tú has presidido
El despertar dulcísimo y risueño
De mis amadas ilusiones de oro,
Cuando, con ansia delirante y loca,
Buscaba lo que no hallo todavía,
El soto bendecido, el fresco oasis
Donde anidan los éxtasis supremos,
Los deliquios sublimes y el arrullo
Del amor inmortal...

A tus fulgores
Has hecho florecer a mi esperanza
Con las flores más bellas y fragantes,
Salpicando de dichas mi camino
Y haciéndome sentir dentro del pecho
Yo no sé qué ternura melodiosa,
Yo no sé qué emoción inexplicable,
Como el beso sutil de hada invisible
Que anuncia el porvenir...

Tú has sido el faro
Que en mis aciagas noches de tristeza
Ha brillado con pálidos destellos,
Serenando las olas encrespadas
Do el pensamiento boga combatido
Por austros de nostalgias y pesares,
Atribulado y solo, sin que el mundo
Le brinde algún consuelo en su congoja
De incomprensible afán...

Tú has contemplado,
En mis oscuras noches de tormenta,
La fúnebre visita del espectro
Que mata la ilusión y la esperanza,
Dejando el corazón yerto y vacío,
Mientras clava su garra el desengaño
Y se amontonan nubes tempestuosas
En el cielo tranquilo del espíritu
Herido del dolor...

Tú has sido el ojo
Que ha derramado lágrimas sinceras,
Cuando la duda escéptica y sombría,
Desquiciando mis creencias más amadas,
Me ha lanzado a los trágicos abismos
De penas insondables, donde a veces
Ha azotado mi frente el ave negra
De lúgubres graznidos y de vuelo
Fantástico y fatal...

¡Pero tú siempre,
Ora cerca, ora lejos, has brillado
En mi horizonte humilde con radiosos
Y argentados fulgores, sin que nunca
Te consiga eclipsar el infortunio,
Como si fueras para mi alma triste
La proyección sublime de los cielos
Sobre el erial desierto de la tierra
Sin flores y sin luz...!

¡Blanca y hermosa
Estrella de lo ideal, estrella mía,
No te extingas jamás...! ¡Que tu luz siempre
Vierta su resplandor dentro de mi alma!

PENSAMIENTO DE ÉMILE DE VOS

Yo amo las bellas flores intocadas;
Las flores cuyo encanto
Se aduna a la pureza; y hasta creo
Que su aroma es más grato
Si, no arrancadas, su hermosura ostentan
Sobre su propio tallo.
Dejad las rosas al rosal fragante;
Dentro su nido amado
Dejad los pajarillos que se arrullen;
Dejad en paz los corazones castos.

En alguna ocasión ¿no habéis tenido
Como un espejo el claro
Y profundo caudal de limpia fuente
Cuyo recodo blando
Selva apacible con amor sombrea?
Vuestra imagen acaso
Alguna vez copiarse ¿no habéis visto,
Como en celeste lampo,
En la pupila de una joven virgen,
Que es de sus padres y su hogar encanto?

Si vuestra alma ha podido enternecerse
Ante lo puro y casto,
Sentido habrá también goce inefable
Al no haber perturbado
La calma de la fuente cristalina
A que brindaba amparo
La selva con amor, ni la paz dulce
Del corazón incauto
De la inocente joven, de sus padres
¡Orgullo noble y de su hogar encanto!

FRANCESCA Y PAOLO

Fragmento del Canto V del Infierno, 1ª parte de la Divina Comedia de Dante Alighieri, traducido libremente de la versión francesa de F. Lamennais

Después que hubo el Maestro hablado en calma
De damas y señores del tiempo ido,
Rara piedad acongojó mi alma,

Y un instante quedé como aturdido...
"¡Oh poeta! exclamé, de buena gana
Hablara a esa pareja que ha surgido,

Y el viento arrastra con su furia insana".
—"Espera un poco, respondióme, espera
A que se acerquen más, y con voz llana,

En nombre del amor que les trajera
De las tinieblas al recinto oscuro,
Suplícales: vendrán de esa manera."

Tan pronto como el viento helado, impuro,
Les hubo hacia nosotros transportado,
Habléles con la frase de un conjuro:

"¡Oh, alma en pena! si no está vedado,
Venid, que hablaros con vehemente anhelo."
Cual palomas que el ansia ha convidado,

Las alas desplegadas y de un vuelo,
A través de los aires, van al nido
Donde reside su sin par polluelo;

Así estas almas que la suerte ha unido,
Por venir hacia nos, del circulante
Grupo salieron que preside Dido,

Por en medio la furia crepitante
De aquel viento otoñal: tan afectuoso
Y fuerte fue mi grito suplicante.

"Oh, tú, ser compasivo y generoso,
Que atravesando el ábrego iracundo
Que impide a nuestras almas el reposo,

A visitarnos vienes al profundo
Lugar de la expiación para el perverso,
A dos que afrenta fuimos sobre el mundo.

Si nos oyera el Rey del Universo,
Pidiéramos por ti que en paz vivieras,
Ya que te apiada nuestro caso adverso.

Te escucharemos todo lo que quieras
Hablar, y te diremos, si te agrada,
Lo que con noble afán tal vez esperas,

Mientras que calla el viento y no se enfada.
La tierra, en donde vi la luz del día,
Por las marinas olas es besada.
Por ella el Po desciende en ancha vía,
Para ir a desaguar plácidamente
Del verde mar en la extensión bravía.

Amor, que en todo tiempo fácilmente
Los corazones tiernos ha inflamado,
A éste arrebató pérfidamente

Del bello cuerpo que me fue robado
De modo tal que, al recordar, me abismo.
Amor, que veda amar al ser amado,

Inspiró a éste una pasión que hoy mismo,
Cual tú lo ves, de mí no se separa.
Amor nos conducía hasta el mutismo.

Caín, que hermana sangre derramara,
Espera a aquel que con furor sangriento
Nuestras vidas a la vez segara."

De ellos las frases me condujo el viento.
Cuando a estas almas laceradas hube
Oído, la cabeza con tormento

Incliné silencioso; así la tuve
Hasta que por fin, díjome el Poeta:
"¿Qué piensas tú? ¿Qué sombra a tu alma sube?"

Yo respondí: "¡Cuánta ilusión inquieta,
Qué ardientes y dulcísimos antojos
Han traído a éstos a la triste meta!"

Después, volviendo a alzar a ellos los ojos,
Hablé y dije: "Francesca, tu tormento
Me llega al alma y pártela en despojos.

Tu sufrimiento me hace verter llanto;
Pero, no obstante tus pesares, dime:
En la época feliz del dulce encanto

Que con suspiros de placer oprime
El joven corazón: ¿de qué manera,
Amor, en sus impulsos tan sublime,

Os hizo conocer la lisonjera
Fuente de los deseos aún dormidos,
Pero ardientes cual sol de primavera?"

Y respondióme entonces con gemidos:
"¡Oh, no hay dolor más grande y más siniestro
Que recordar de tiempos ya perdidos

Las horas venturosas, cuando nuestro
Presente está rodeado de amargura!
Y esto lo sabe bien el que es tu maestro.

Mas ya que tu razón saber procura
De nuestro amor la página suprema,
Te la diré llorando y sin ventura:

Un día, por placer que aún hoy nos quema,
En Lancelote con afán leíamos
Cómo se enlaza del amor el poema;

Estando a solas, nada presentíamos,
Confiábamos en todo; muchas veces
Esta lectura extáticos hacíamos:

Se encontraron los ojos: palideces,
Palideces mortales al semblante
Subían en divinas embriagueces.

¡Oh! Bastaba, no más, un solo instante
Para triunfar de nos. Cuando leímos
Cómo besados por el dulce amante

Fueron los rientes labios, nos volvimos,
Y éste, que por mi suerte audaz y loca
No se aparta de mí desde que morimos,

Temblando de pasión besó mi boca.
Galeoto el libro fue, donde a porfía

Escribimos con sangre que aún invoca,

Y... ¡no leímos más desde ese día!"

1894.

ÁBREME

(De una balada en prosa)

—¡Berta! ¡Berta! Soy yo. Mira que airado
Me persigue el invierno, y mis vestidos
De nieve están cubiertos...

—¡Ah! ¿Quién eres?
Desde que el amo abandonó este sitio
Siempre cerrada se miró esta puerta,
Y hasta que él vuelva seguirá lo mismo.

—¿Cómo no me has de abrir, alma del alma,
Si yo soy el cuitado peregrino
Ausente tanto tiempo, que al fin vuelve
Cual ave herida a calentar su nido?
Ábreme, Berta.

—No, tú no eres él.
El aroma que escápase al vacío
Nunca vuelve a la flor que lo ha exhalado;
Jamás el eco, de la voz al ritmo,
Se une otra vez; ni las ardientes lágrimas
Que por él, entre angustias, he vertido,
Han de volver a mis enjutos ojos,

Cansados de mirar hacia el camino
Por donde él se alejó.
Vete, extranjero;
Tú no eres él.

70

—¡Por Dios, ángel querido!
Ábreme, que la nieve me consume
Y, más que el cuerpo me hostigara el frío,
La ingratitud ha aniquilado mi alma.
Quienes más penetraron en lo íntimo
Para el amor robarme que aún tenía
Y aún guardaba por ti, con cruel olvido
Y con desdén acerbo me pagaron.
Cual pálidos crepúsculos de estío
O como sombras de ligeras aves,
Pasaron sus halagos y sus brillos.

—Tú me engañas; yo sé que tú no eres
El que partió de mi feliz retiro
Para no más volver, quizá tan solo
Por castigar la fe de mi cariño.
Tú no eres él; aléjate, extranjero.

—Es cierto que el perfume desprendido
Nunca vuelve a la flor, ni el eco se une
Otra vez de la voz al dulce ritmo;
Es cierto que las lágrimas vertidas
No tornan a su fuente; pero al nido
Sí vuelve el ave herida en el desierto
Para abrigar a sus amados hijos,
Como vuelvo a tu lado, Berta mía,
A abrigar nuestro amor casi aterido.

—Pero ¿a qué vuelves ya? Desde que partiste,
El hogar, antes cálido, está frío;
Las flores del jardín se han marchitado
Quemadas por la escarcha del olvido;
De nuestro altar las místicas palomas
Volaron a los montes; y hasta el mismo
Guardián de nuestra puerta, el leal perro,
Desde entonces también ha enmudecido
Como mis labios para hablar tu nombre.
¿A qué vuelves?

—¡Escúchame, ángel mío!
Los horizontes todos se cerraron
En torno de mi vista, y hoy, contrito,
Vuelvo con las entrañas desgarradas
Por cruel ingratitud, el pecho herido
Por el desdén y el alma convulsiva
Por los golpes de aquellos que el cariño
Me ofrendaran. Perdona, Berta. Ábreme.
Las pacíficas tardes del estío
Han de tornar en breve; por la noche
Arrullarán tu sueño con su ruido
Los árboles que cubren nuestra choza;
Y de la aurora el blando cefirillo
De nuestra huerta entreabrirá las flores;
Renacerá el contento en este sitio...
Mas tú, entretanto, me abrirás, ¡oh Berta!
¡Si no quieres que aquí muera de frío!

—Cuando partiste en pos de nuevas dichas
Cerré la puerta de mi humilde asilo
Y enmudecí mis labios; hoy que vuelves
De desengaños lleno y de fastidio,
En él entra de nuevo.

—¡Oh, sí, bendita,
Bendita tú, que, imagen de Dios mismo,
Como él también perdonas! ¡Ah! Permite
Que mi llanto derrame agradecido
Sobre tu seno, y ábreme tus brazos,
Ya que en ellos daré el postrer suspiro.

1889.

LA ÚLTIMA ROSA

(De Thomas Moore)

Esta es la última rosa del estío
Que floreciendo se ha quedado sola;
Sus hermosas y amadas compañeras
Se han marchitado y despedido todas;
Ninguna queda ya de sus hermanas,
Ni, por acaso, algún botón de rosa
Que refleje la luz de sus colores
O a sus suspiros con amor responda.
Yo no podré tan sola aquí dejarte
Para que te consumas sobre el tallo;
Ya que durmiendo están las que adorabas,
Ve tú con ellas a dormir. Mi mano,
Movida a compasión, tus leves hojas
Esparcirá sobre tu lecho blando,
Donde ya mustias e inodoras yacen
Las que ayer fueron del jardín encanto.

¡Ojalá que en un plazo así tan corto
Pudiese yo seguir tras los amigos
Que me han dejado, y tras las dulces prendas
Del reino del amor, que ya he perdido!
Cuando mueren los nobles corazones
Y se van todo cuanto más nos quiso,
¡Ah! ¿Quién entonces habitar quisiera
En este mundo solitario y frío?

1896.

DELIA

Dulce como el suave aroma
Que errante queda en las brisas,
Cuando ya mustias las flores
Exhalan sus pobres vidas;

Dulce como el tierno canto
Que nos dio consuelo un día,
Pero cuyos ecos, nunca
Oiremos más en la vida;

Así es tu recuerdo...
Ahora
Que ya descansas, ¡oh, niña!
Duerme en paz, duerme por siempre,
¡Que vale más, alma mía!

1894

TOQUES

Si no sabía pintar: jamás su mano,
Mojando en los colores la paleta,
Supo trazar, con fantasía inquieta,
Los contornos de un cuadro soberano.

Si no tenía inspiración; si en vano
Fuera pedirle la intuición secreta
Que tiene en sus delirios el poeta;
Porque él no era un artista: era artesano.

Pero una vez, en su existencia oscura,
Flechó su corazón una hermosura:—
Tomó el pincel y delineó su hechizo;

Para cantarla hizo vibrar la lira;
Y desde aquel instante, no es mentira,
¡Prodigio del amor! ¡artista se hizo!

1894.

BELLO IDEAL

¡Oh tú, la de mis sueños de colores,
Seráfica visión, cuya hermosura
Es el eterno amor de mis amores
Y el culto pasional de mi ternura!

¡Oh, tú, la imagen casta, orlada en flores,
De diáfana y flotante vestidura,
Que, por ensalmo, alejas mis dolores
Y un cielo me presagias de ventura!

¡Oh, mi estrella radiosa! ¡Oh, mi adorado,
Mi supremo imposible! ¿Quién me diera
El prodigio extrahumano de encarnarte,

Para morir, sintiéndome a tu lado,
Con la dulce agonía placentera
De expirar en tus brazos al besarte!

1895.

LA MUSA HEROICA

A un Poeta Amigo

Si quieres que tu canto digno sea
De tu misión, del siglo y de la fama,
No derroches el estro que te inflama
En dulce pero inútil melopea.

Lanza las flechas de oro de la idea;
Depón el culto de Eros y proclama
Otro mejor; la lucha te reclama:
Yérguete altivo en la social pelea.

No enerves tu vigor con el desmayo
Del femenil deliquio; ya no es hora
De lágrimas y besos; doquier mira:

Hoy la estrofa compite con el rayo,
La inspiración es lava redentora
Y clava en manos de Hércules la lira.

1896.

TUS OJOS

Por las incertidumbres de la existencia
Yo vagaba al acaso, sin esperanza,
Cual bajel sin piloto que a la inclemencia
De las pérfidas olas del mar se lanza.

Hasta que vi extasiado la refulgencia
Como de dos luceros en lontananza,
Y mis sombras trocáronse en transparencia
Y mis desdichas todas en venturanza.

Eran tus negros ojos que, como el día,
Irradiaban en mi alma, mientras de hinojos,
Lleno de amor al verte, me estremecía.

Desde entonces, del mundo por los abrojos
Yo camino sin miedo porque me guía
La claridad celeste que dan tus ojos.

1895.

LA FUERZA DE LA FE

Sobre las crespas olas del mar Tiberíades,
Que por ensalmo acallan su cólera y fragor,
Cual sobre tersa alfombra de muelles suavidades,
A paso lento avanza, magnífico, el Señor.

Y Pedro, su discípulo, que, presa de ansiedades,
Desde una firme roca le ve con estupor,
Pugnando por seguirle, siente las tempestades
Del que en su fe vacila, temblando de terror.

"¡Fe, Pedro!" exclama Cristo; y Pedro al mar se lanza;
Mas, pronto entre las olas, perdida su esperanza,
Sumérgese el cuitado. Con viva unción, Jesús,

"¡Fe, Pedro!" le repite: la fe sobre él fulgura;
Y entonces ¡oh, prodigio! la líquida llanura
Recorren Cristo y Pedro bajo un palio de luz.

1899.

NENÚFARES

Nenúfares tristes en que se aduna
La amable nostalgia con el reproche,
Y bajo los pliegues de hermosa noche
Flotáis en las linfas de azul laguna.

Nenúfares tristes que a la importuna
Luz clara de Febo cerráis el broche,
Y abiertos se os mira cuando en su coche
Por campo de estrellas pasa la luna.

Nenúfares tristes que entre las olas
Un grato perfume dais a los vientos
Que besan temblando vuestras corolas.

¡Así cual vosotros son mis amores,
Nenúfares tristes y macilentos,
Abiertos en la onda de los dolores!

AMOROSA

Yo te he visto, en esa hora fugitiva
En que la tarde a desmayar empieza,
Doblar cual lirio enfermo la cabeza,
La cabeza adorable y pensativa.

Y entonces, más que nunca sugestiva,
Se ha mostrado a mis ojos tu belleza,
Como en un claro-oscuro de tristeza,
Con palidez que encanta y que cautiva.

Y es que en tu corazón, antes dormido,
El ave del amor ha hecho su nido
Y entona su dulcísimo cantar.

Y al escucharle, en ondas de ternura,
Languidece de ensueños tu hermosura
¡Como un suave crepúsculo en el mar!

1899

EL VIOLÍN ROJO

A una Artista

El violín rojo que, con voz que gime
Y el clamor de los ángeles semeja,
Sobre tu mismo corazón se queja
Mientras el arco su cordaje oprime.

Tiene un alma adorable, alma sublime,
Que algo del cielo en su dolor refleja;
Y es tu alma, acaso, que tu cuerpo deja
Y al confidente de su amor se imprime.

¡Ay! por eso es que tanto me conmueve
Y en tan hondos deliquios me extasía
El dulce arpegio de su voz canora.

Y es que tal vez, bajo tu mano leve,
Dentro la caja del violín de Hungría,
Mi pobre corazón palpita y llora.

EL METRO REY

Como al choque del viento cada ola
Rumor distinto sobre el mar exhala,
Hay gradación de notas en la escala
De la opulenta lírica española.

El diapasón de una cadencia sola
Con variaciones rítmicas resbala,
Y ya el estruendo del clarín iguala,
O gime ya cual plañidera viola.

La gama de los metros se alza en coro
Y entona dulces cantos: vibra, ondula
Y desgrana de acordes un tesoro.

Mas, como rey a quien su corte adula,
Surge el endecasílabo sonoro
Y triunfalmente su canción modula.

1899.

SUEÑO ROJO

Soñé que, en roja cólera inflamado
Por calmar el infierno de mis penas,
Tuve sed de la sangre de tus venas
Y a ti lleguéme, de puñal armado.

Luego, con el furor de un trastornado,
Como un tigre que rompe sus cadenas,
Sobre tu lácteo pecho de azucenas
Hundí el acero y lo dejé clavado.

Tu sangre, a borbotones, por la herida
Vi brotar juntamente con tu vida,
Y me gocé en tu fin, con raro empeño;

Mas, cuando quise entre mis dedos rojos
Extraer tu corazón hecho despojos,
Lancé un suspiro y... desperté del sueño.

1899.

MIS VERSOS

Van a ti mis canciones, revolando
Cual mariposas de oro entre las flores,
A libar en tus labios miel de amores
Y a buscar en tu seno albergue blando.

No las desdeñes, no; si a ti llegando,
Al fulgor de tus ojos soñadores,
Te hablan de mis tristezas y dolores
Y tu ternura imploran, suspirando.

Dales calor y abrigo, amada mía;
Ve que son mensajeras que te envía
Mi alma, de quien la sola dicha eres.

No les niegues un poco de cariño;
Ve que mi corazón es como un niño,
Y morirá de amor si no le quieres.

1899.

JESÚS TORRES COLINDRES

Nació en La Paz en 1870.

Era hijo del Lic. don Manuel Colindres, personaje de gran importancia que figuró en la política hondureña desde 1856 hasta 1893, ora como Ministro de Estado, ora como Diplomático, ora como Diputado a los Congresos Legislativos.

Torres Colindres se graduó en Tegucigalpa de Bachiller en Ciencias y Letras, y después pasó a Guatemala a estudiar Medicina; pero pronto dejó los estudios y se dedicó exclusivamente al cultivo de las letras. Fruto de esas tareas fue el libro de versos que publicó en 1891 con el título de Bocetos, en el que rindió pleito homenaje a las bellas guatemaltecas.

En 1893 volvió a Honduras y desempeñó, durante el corto Gobierno del General don Domingo Vázquez, la Subsecretaría de Instrucción Pública y Justicia.

Torres Colindres fue de los que acompañaron al General Vásquez en la salida para El Salvador, cuando fue vencido por la revolución liberal. Dos años después se suicidó en aquel país.

CAMAFEOS

I
MANUEL GUTIÉRREZ NÁJERA

Trovador de las damas, delicado,
Les inspiras las ansias del delirio:
Tienes alma de luz y vives atado
A las negras montañas del martirio.

Como el águila audaz sube al Empíreo
Con vuelo apocalíptico y osado;
Y es su verso amoroso, tenue, alado
Como escrito en los pétalos de un lirio.

¡Poeta eximio! De tu arpa byroniana
Se desprende la estrofa sorprendente,
Perfumada y con luz de una mañana:

Eres poeta inmortal, eres vidente,
Y en la edad del placer, edad temprana,
¡Los laureles del Tasso ornan tu frente!

II
MANUEL MOLINA VIJIL

En su verso hay perfumes de violeta
Y de un astro también irradiaciones.
Dejó un rastro inmortal con sus canciones
Que aún repite fugaz el aura inquieta.

¡Descubrid la cabeza! ¡Canta el poeta
De la guzla gentil de los salones…
El que supo robar los corazones
Y fue mártir-suicida y fue profeta!

Ya no emerge sus trémulos sonidos
La lira del efebo enamorado
Que dio cantos de amor, nunca aprendidos;

Mas la gloria de luz la ha circundado,
Y sus versos dolientes y sentidos
¡Un reguero de soles han dejado!

III
RUBÉN DARÍO

Tiene su lira septicorde, sones
De la épica trompa y del jaramillo,
Da versos olientes como a tomillo,
¡Y estrofas que rugen como aquilones!

Le rinden su homenaje las naciones,
Y pasa el soñador triste y sencillo;
Le dio el sol de los trópicos su brillo,
¡Y Hugo y de Musset sus corazones!

Es el mago del ritmo y de los cuentos
Que, esmaltados cual rica filigrana,
¡Borda en luz de ignorados firmamentos!

¡Descubríos ante él, si canta ufana
Su lira, cuya gloria va en los vientos
Triunfante por la tierra americana!

IV
SALVADOR DÍAZ MIRÓN

Tus estrofas cincelas en diamante
Cuando tu alma de amor se expande herida,
Y es tu frase de luz, frase del Dante,
Si fustigas los males de la vida.

Tiene tu arpa el estruendo del Atlante,
Y el de Bécquer la unción; brota encendida,
Como bólido enorme y centellante,
¡De tu lira la estrofa desprendida!

¡Canta, poeta! La gloria te encamina
Al Olimpo inmortal, y tu renombre
Es un faro esplendente que ilumina

En sus noches fatídicas al hombre:
¡Canta, poeta! ¡La América se inclina
Cuando truenan las letras de tu nombre!

PASIÓN

A...

¿Que olvide a esa mujer? ¡Qué disparate!
No la quiero olvidar:
Si toda mi existencia es un combate
Entre sufrir y amar.
—Camprodón.

Tú, la mujer de mis ensueños de oro,
Blanca visión que arrebatado vi;
Tú, a quien rendido y delirante adoro,
¿Por qué no calmas mi doliente lloro?
¿Por qué no fijas tu pupila en mí?

Honda tortura al corazón oprime
Como una eterna maldición de Dios:
¡Mujer! Mi afecto sin igual, sublime,
Irá por siempre de tu ser en pos...

¡Esta pasión que en mi interior germina
Es como el alma que la siente, audaz!
¡Nunca en la tierra su furor termina,
Ni con la muerte concluirá... jamás!

Te amo e imposible es pretender no amarte,
¿Quién pararía desbordado el mar?
¡Antes que hacer al corazón odiarte
De aquí del pecho lo verás saltar!

¿Y qué me importa tu desdeño eterno?
¿Y qué me importa tu frialdad sin fin?
¿Podrás ahogar el insondable infierno
De amor que guardo sin cesar por ti?

¡Ah, no! ¡Tú puedes despreciar mi anhelo,
Eterno llanto al corazón dejar,
Rodear mi vida de infinito duelo
Que acaso me haga hasta de Dios dudar!

¡Pero que mate mi ilusión primera?
¿Que yo no busque de tu ser la luz?
¿Que no te adore sin cesar…? ¡Quimera!
¡Eso no puedes alcanzarlo tú!

UMBRA

He llorado, mujer, tanto, que secos
¿No los ves? Ahora están mis pobres ojos.
Anoche te soñé muerta, alma mía,
¡Y me vi solo!
¡Confuso te miraba y aturdido,
de presto, estaba loco!
Pasaron ante mí mudos fantasmas
derramando tristísimos su lloro;
y vírgenes de rostros celestiales
llegaban junto a ti con pecho absorto,
rodeaban tu cadáver macilento,
¡y luego se alejaban poco a poco!
¡Una estrella rojiza y tremolante
bajó a darte sus rayos, su tesoro,
te besó con su luz, y fue apagándose
su refulgente foco!

Y las flores volaban de sus tallos
convertidas en aves, plumas de oro,
y las aves calladas contemplaban
el color marchitado de tu rostro.

En febril arrebato, ahogado en lágrimas,
me acerqué a tu cadáver: ebrio y loco
te besé con pasión, y mi alma a tu alma
infundió la existencia con un soplo.

¡Oh, sueño de dolor! ¡Huye! No vuelvas;
no me quites, oh muerte, mi tesoro:
quítame el corazón y dale vida...
Sin ella, ¿qué me espera? ¿Qué haré solo?

CANTO GRIS

A...

El viento triste suspira
entre las desnudas ramas:
las flores, pálidas, secas,
su perfume ya no exhalan.

Las aves entre el follaje,
como entonces, ya no cantan,
y la noche con sus sombras
y sus espectros avanza.

¡Opaco el cielo! La luna
soñolienta se levanta,
y en vez de rayos parece
que derrama tristes lágrimas.

No hay una luz en mi cielo,
ni en mi pecho una esperanza,
naturaleza está muda
y está muda mi pobre alma.

¿De una música lejana,
esas trémulas salmodias
que trae la brisa en sus alas,

no oyes, mujer, tristes ecos?
¿No escuchas esos rumores
con que tañen las campanas?
¿No sientes una tristeza,
un dolor cruel en el alma?

¿No oyes la voz con que triste
tu conciencia apenas clama?
¿No tienes algún recuerdo
de esos que en vida nos matan?

¿No lloras tú, como lloro
en estas horas amargas,
en que me hallo solo, solo,
con mucho frío en el alma?

¿No te arrepientes mil veces
de haber sido y ser ingrata,
de haber llenado de sombras
mi existencia atribulada?

Escucha... Crecen los ruidos
y ya doblan las campanas:
¡es la noche del olvido
que con sus sombras avanza!

CARTAS Y FLORES

A...

Rotos los lazos del amor que un día
fuera, mujer, mi suspirada gloria,
ahora que es triste la existencia mía
y oscuro el porvenir... oye una historia.

Es historia de lágrimas bañada,
es un poema de amor, que nunca olvido:
su recuerdo en mi mente atribulada

está de sombras de dolor, vestido.

Voy a decirte lo que sufro y pienso,
voy a evocar recuerdos de otros días,
en que un cariño, sin igual, inmenso
y puro cual ninguno, me tenías.

No vengo a suplicarte que me quieras,
tus promesas no vengo a recordarte;
¡aún tengo corazón para que hieras,
y orgullo y altivez para... olvidarte!

Oye... y después, al escuchar mi nombre,
no tiembles, no vaciles... sé dichosa.
Mañana que darás tu mano a otro hombre
diciéndole, falaz, que eres su esposa.

Yo sé muy bien que sentirá embelesos
amándote quizás con ardentía:
serán suyos tus ojos y tus besos...
pero tu alma jamás... ¡que tu alma es mía!

Antes de enviarte el postrer acento
de mi alma varonil en esta lucha...
recuerde lo de ayer tu pensamiento,
llama a tu corazón, piensa y escucha...

¡Pero no! Yo no quiero recordarte
tanta dicha, mujer, que fue mi gloria;
ese poema de amor que iba a contarte
no se aparta jamás de tu memoria.

Presente su recuerdo... quizás llores
y te acuse de falsa tu conciencia...

con pasión me quisiste, y yo las flores
más preciadas guardé de tu inocencia...

Lo sabemos muy bien: ahora de frente

tenemos el mañana... voluptuosa
tú marchas entre luz para el oriente
de una vida feliz y venturosa.

En medio del placer o de la calma
procuro no pensar en lo pasado:
que en un mar de alegría se ahoga tu alma
y déjame vivir yo desgraciado.

Así vamos los dos; mas no te guardo
rencor, que tengo un corazón clemente:
el porvenir, que sin temor aguardo,
¡borrará tu recuerdo de mi mente!

Olvídame también: ahora te envío
tu retrato, tus cartas y tus flores:
hazte mujer de corazón vacío,
engaña sin piedad, y finge amores.

Y ríe sin cesar; el mundo es necio,
se paga de lo externo y no se abate,
y merece mirarlo con desprecio,
aunque hiera a mansalva, escupa y... mate.

Sé feliz... entretanto... ¡adiós! Te espera
una senda de luz: ama y olvida...
¡Ah! ¿Qué fue nuestro amor? ¿Una quimera
como todas las cosas de la vida?

¡IMPOSIBLE!

No es la súplica humilde la que llega
a tus áureos altares a postrarse;
no lo pienses jamás: mi alma no ruega,
ni ha sabido, al mar, arrodillarse.

No en mi canto hallarás quejas, lamentos,
perfume de heliotropo, ni alegrías;
¡yo encadeno de amor todos los vientos,
y son luchas titánicas las mías!

Es soberbia explosión de inmensos soles
la que alumbra mi espíritu radiante:
¡se ha bañado en los claros arreboles
de otro cielo de luz mi alma gigante!

Yo persigo un ideal que nunca alcanzo;
una estrella lejana me fascina;
¡en los mares de gloria yo me lanzo
sin saber qué piloto me encamina!

De mi cerebro enloquecido, ardiente,
brota encendido el verbo de la idea:
¡y mi alma es una estrella que, esplendente,
en un cielo sin nubes, centellea!

Me he asomado a los bordes del abismo,
y mi espíritu audaz no se ha crispado:
busco aliento en la lid, y el paroxismo
del pesar infinito me ha alentado.

En mis noches de insomnio y de tristeza
me ha incendiado la fiebre del delirio,
y un reguero de lumbre en la cabeza
me ha dejado la virgen del martirio.

Y triste y solo, pero siempre altivo,
sé vencer los anhelos de mi alma:
¡yo sé que lejos de tus ojos vivo,
como lejos del sol crece la palma!

Las rudas tempestades de la vida
no me causan pavor, y no te invoco;
¡qué me importa la burla encarnecida
y que digan los necios que estoy loco!

Si yo en pos de otra luz viajo en mi sombra
y el destello de otro astro me encamina,
si este sueño extrahumano que me asombra
en mis negros dolores me ilumina...

¡Oh, déjame vivir! Me atrae el abismo
con sus sombras, sus criptas, sus horrores:
¡yo te amara, mujer, con fanatismo,
si en tu pecho sintieras mis amores!

¡Imposible! Mi súplica no llega
a tus áureos altares a postrarse,
no lo pienses jamás: ¡mi alma no ruega,
ni ha sabido, al mar, arrodillarse!

¿QUÉ SENTIMOS?

¿Qué sentimos los dos cuando volvimos
a vernos otra vez? ¿Por qué callamos?
¿Cómo en tiempos pasados no sentimos?
¿Cómo en tiempos pasados no pensamos?

¿Acaso para el alma nos morimos?
¿Acaso un porvenir bello esperamos?
¿Un amor tan ridículo mentimos,
o un cariño del cielo nos guardamos?

Contéstame, mujer, yo quiero oírte;
contéstame, mujer, quiero mirarte,
quiero hablarte verdad, quiero mentirte:

Si me amas como yo... voy a adorarte,
si me amas sin amor, voy a decirte
que ahogando el corazón voy a olvidarte.

JULIO CÉSAR FORTÍN

Nació en Yuscarán el 21 de marzo de 1866.

Trasladado a Tegucigalpa, recibió aquí la instrucción secundaria, habiéndose graduado de Bachiller en Ciencias y Letras en diciembre de 1886.

Pasó a Guatemala a estudiar Derecho, pero dejó los estudios para dedicarse al periodismo. En dicha ciudad formó parte de la redacción del periódico El Correo de la Tarde, que en 1890 fundó Rubén Darío, y después pasó a colaborar en El Diario de Centro América. En esos periódicos y en otros de aquella culta metrópoli dejó publicados muchos trabajos importantes, así en prosa como en verso, que algún día serán recogidos porque, a la vez que son honra de su nombre, son honra de su patria.

Las composiciones que aquí aparecen fueron los primeros frutos de su genial talento. Ellas son un recuerdo que, al partir para Guatemala, dejó al autor de este libro.

Fortín se suicidó en la Antigua Guatemala en 1894. ¡Pobre amigo! Hado adverso le perseguía implacable. Se entenebreció el horizonte de su vida, y a todos sus males puso término el cañón de una pistola.

MIS VERSOS

A...

Los acentos
de mi lira
que suspira
por tu amor,
sólo encierran
desencanto,
triste llanto
de dolor.

Son el eco
del gemido
de mi herido
corazón,
y te llevan
en sus giros
mis suspiros,
mi pasión.

Si volvieras
esos ojos
sin enojos
hacia mí,
¡cómo fueran
mis cantares
sin pesares
hasta ti!

Si me diese
tu sonrisa
cual la brisa
su frescor,
no llevaran
mis canciones
impresiones
de dolor.

Pero niegas
al cuitado
el ansiado
sonreír,
y por esto
sólo debes,
entre tanto,
triste llanto
recibir.

SUSPIROS, LÁGRIMAS, QUEJAS

Fuego circula en mis venas
desde el día en que te vi,
y mi corazón sentí
atado con las cadenas
de tus encantos, hurí.

Suspiros, lágrimas, quejas
yo te envío a cada instante
en alas del aura errante
que va a acariciar tus rejas
en movimiento constante.

¿Has por ventura escuchado
lo que dice mi suspiro?
Pues te dice el tenue enviado
que en la pasión, abrasado,
yo deliro.

Y cuando en alas del viento
te envío mi triste lloro,
te cuenta mi sentimiento
y te dice en suave acento
que te adoro.

Y las quejas que hoy te envío
convertidas en cantares,

te dicen, ídolo mío,
mi constante desvarío,
mis pesares.

Por eso, a cada momento,
recibirás un suspiro,
una lágrima, un lamento,
que te dirán cuánto siento,
que te amo y por ti deliro.

POR SABER FUMAR

—Si tú quieres llenar justos antojos
del hombre que te adora,
Un beso dame de tus labios rojos,
mujer encantadora...
Así Fabio decía
a la hechicera, angelical María;
y llena de rubor ella le dijo:

—No lo niego; es verdad, querido Fabio,
que ese tu ardiente labio
de mi labio está el beso reclamando;
y el corazón que te ama está ordenando
que a tus ruegos acceda,
mas, perdóname, Fabio, que no pueda,
porque ¡ay! ¡es grande apuro
dar un beso a un doncel que fuma puro!

21 DE MARZO

I

Veintiuna veces la tierra
ha dado vuelta conmigo
alrededor del sol hermoso
y radiante que ahora miro.

Veintiún años ha que viene
a morar entre los vivos,
a gozar en este mundo
o a cumplir mi cruel destino.

En un veintiuno de marzo
por mi daño fui nacido,
pues bien saben los católicos
que es día de San Benito.

Mal agüero, por supuesto,
traía el recién nacido:
San Benito fue muy negro,
sería negro su sino.

II

En mi niñez yo gozaba
cual se goza cuando niño,
cuando la dulce inocencia
nos arrulla adormecidos;

Cuando se ve todo el mundo
tras un prisma cristalino,
como un palacio encantado
donde habitan seres divinos;

Cuando se ignora que existen
las virtudes y los vicios,
y se cree todo es dulzuras
y placeres infinitos;

Cuando nada nos preocupa,
si no que no esté vacío
el depósito que "estómago"
se llama en todos los libros...

Siempre al recordar los días
de mi niñez he sufrido,
¡y cómo se deslizaron
sin quererlo, sin sentirlo!

III

Llegué a la edad agitada
de los locos desvaríos,
de las blancas ilusiones,
de anhelos y de suspiros;

Edad en que nuestro pecho
se consume en fuego vivo,
y el corazón orgulloso:
"¡Este mundo —exclama— es mío!"

Forjé entonces en mi mente,
como dicen, mil castillos,
sin saber que eran de aquellos
que se hacen en el vacío.

Hermosísimas mujeres,
de mi vida en el camino,
me atrajeron con sus gracias,
sus encantos y atractivos,

Y en su amor yo busqué ansioso
un Edén, un paraíso,
busqué sus ojos humanos
que yo creía divinos.

Y quise que sus palabras
resonaran en mi oído,
como la voz de los ángeles
que cantan en el Empíreo;

Y quise que me dijesen,
al hablarme, mil idilios,
y repitieran mi nombre
sólo por ser nombre mío.

Sediento quise en sus labios
beber el licor divino,
la ambrosía deliciosa,
como en el cáliz de un lirio.

Y hallé mis gratos ensueños,
¡ay!, por fin desvanecidos,
cual se deshacen las nubes
que flotan en el vacío...

Si narrar me propusiera
los dolores que he sufrido,
un libro de gran volumen
hacerme fuera preciso.

Lloro, y con mi llanto al mundo
mis crueles pesares digo,
y nadie me compadece,
que ante ellos el mundo es frío.

Mis esperanzas son flores
que de mi alma se han caído,
palomas son que a perderse
fueron del viento en los giros.

Un erial es mi existencia,
es una flor sin rocío,
es opresora cadena
de dolor y de fastidio...

Pero... no más lamentarme,
que mis lamentos, alivio
no darán a las heridas
del doliente pecho mío.

Tal vez en ese mañana
que ver no me es permitido,
el sol me hallará gozando
de la calma que hoy ansío.
No me verá como ahora,
en mis dolores sumido,
llorando mi desventura
y mi desencanto frío.

21 de marzo de 1887.

¡ADIOS!

Con lágrimas te escribo los últimos lamentos
que lanza entristecido mi pobre corazón;
son tantos mis dolores, mis grandes sufrimientos,
que falta ya a mi lira la ardiente inspiración.

Buscaba tus sonrisas, buscaba tus miradas,
sumido en mil ensueños de glorias y de amor,
y encuentro destruidas, por siempre destrozadas,
mis bellas esperanzas; encuentro ¡ay! el dolor.

Encuentro decepciones que róbanme la vida,
encuentro solamente continuo padecer;
encuentro mi ventura por fin desvanecida,
encuentro tus desdenes en vez de tu querer.

Por eso ¡ay! alma mía, en lágrimas bañado,
transido por la pena más cruel y más atroz,
te digo para siempre, perdido, desdichado,
¡Adiós, alma de mi alma, adiós...! ¡Adiós, adiós!

No creas que te olvide el corazón que te ama,
doquier me lance el mundo en ráfaga veloz,
yo llevaré en mi pecho de amor la ardiente llama;
pero ¡ay! ¡alma de mi alma, adiós! ¡Adiós... adiós!

VIDA Y MUERTE

Sobre el tallo flexible, en la mañana,
abre su cáliz la naciente rosa,
y un rayo ardiente que del sol emana
viene a dar vida a su corola hermosa.

Pero luego, implacable, le arrebata
su calor, el perfume que ha exhalado,
seca sus hojas, su frescura mata,
y se inclina la rosa por un lado.

Tal tus ojos me vieron un momento
e inundaron de luz el alma mía,
y hallé vida, hallé amor, hallé contento,
hallé entonces dulzura y armonía.

Pero después... mi corazón, marchito,
dejó la luz de tus radiantes ojos;
y llevo ahora en mi existir maldito
del corazón los fúnebres despojos.

CARIDAD

—"Amo tanto a los pobres —me decía
el cura Calderón el otro día—
que a todos alimento, sirvo y visto;
¡tanto, tanto los quiero,
que con razón infiero
me admiraría el mismo Jesucristo!"

Yo, que soy un muchacho sencillote,
le dije: "¿De qué hacienda,
de qué caja o bolsillo
toma usted, mi señor, para que atienda
a tanto miserable, a tanto pobre?"

A lo cual contestóme el Reverendo,
con una calma que envidiara un santo:
"Yo siempre voy a todos socorriendo,
calmando penas, enjugando llanto
con el dinero que me dan los fieles;
y aunque algunos herejes van diciendo
que los que money dan son grandes viles,
ellos jamás se paran en pelillos,
y me surten de pesos y cuartillos".

No queriendo seguir en este asunto,
puse aquí con el cura final punto,
y despedíme haciendo reverencia
a su augusta Excelencia.

Ahora dime, lector, si estás pensando,
como yo, que es muy bueno
ir caridad a todos prodigando
con el auxilio ajeno;
y que puede también ser productivo,
de tan fácil manera,
pasarse la existencia toda entera,
echándola de ser caritativo.

AYER Y HOY

I

Atenta ayer me mirabas,
Y al mirarme sonreías,
Y en tus ojos me decías,
Que me amabas.

¡Oh, qué dulces, qué halagüeños!
Fueron ayer mis ensueños.
¡Cuál veía en lontananza
Un paraíso de flores!
¡Cuál me daba sus fulgores
la esperanza!

II

Satisfechos mis antojos,
Del placer me vi en la cumbre,
Al incendiarme en la lumbre
De tus ojos.
¡Qué inmensa satisfacción
Llenaba mi corazón!
Ya no serían ficciones,
Ya no serían quimeras
Mis bellas y lisonjeras
Ilusiones.

III

Eso fue ayer... pero ahora...
¡Qué cambio! ¡Qué diferencia!
Hoy tu fría indiferencia
Me devora.
Hoy tomas mi amor a juego
Mientras me abraso en su fuego:
Me hiciste ver un momento
La dulce felicidad,
Y hoy me arrojas con crueldad
Al tormento.

IV

¿Qué fue lo de ayer? Falsía,
Mentira, visión, engaño,
Quimeras que, por mi daño,
Yo creía.
Realidad es lo de hoy:
Dolor que sufriendo voy
Mientras tú gozando vas;
Llena mi alma el hondo duelo,
Y sé que nunca consuelo
Le darás.

RIMAS

I

Se escaparon de mi pecho
Muchas veces mis suspiros,
Y volando se marcharon
A tu pecho, ídolo mío.

Volvieron... ¡Ah! mejor fuera
Que hubiesen allí vivido;
Volvieron sólo a decirme
Que lo encontraron vacío.

II

¿Ves la dureza de ese blanco mármol
Que resiste a los golpes del cincel
Con que quiera cambiarlo hábil artista
En obra de inmortal esplendidez?
¡Pues más duro es tu pecho, desengáñate,
Tu pecho de mujer!

III

¿Conoces la amargura indescriptible,
Conoces la amargura de la hiel?
¡Pues es dulce, muy dulce, comparada
Con la copa que diérasme una vez,
Y jugando en tu labio la sonrisa
Me obligaste a beber!

IV

Llamé una vez a tu pecho,
Y nadie me contestó:
Creí entonces que dormido
Estaba tu corazón.

Después, tenaz, insistente,
Lancé de nuevo mi voz;
Pero fue tal mi desgracia
Que nadie, nadie la oyó.

Fui por fin, por vez tercera...
—¿Quién es? —dijeron.
—Yo soy.
—¿Y qué buscas? —replicaron.
—Vengo buscando tu amor.

—Puedes marcharte en buen hora,
Y con bien te lleve Dios;
Ve a buscarlo en otra parte,
No vive aquí, ni vivió.

Desde entonces por el mundo,
Triste y mudo, errante voy,
Buscando lo que no existe,
Buscando, ¡necio!, el amor.

¿QUIÉN SOY YO?

I

Ave sin nido
Que errante vaga
Sola en el mundo;
La gota de agua
Que a su elemento
En hora infausta
Ha arrebatado
Del sol la llama;
Hoja marchita
Que de su rama
El viento lleva
Para arrastrarla
En todo el campo
Por donde pasa;
Ese es el hombre,
Mujer, que te ama.

II

Esa ave quiso un día
Quedarse prisionera;
Por ti, virgen amada,
Perder su libertad;
Por ver a cada instante
Tu faz tan hechicera,
Cantar a toda hora
Tu angélica beldad.

También quiso la gota,
En impalpable brisa,
Seguirte a todas partes,
Brindarte su frescor;
Jugar por donde juega
Tu célica sonrisa,
Y allí imprimir un beso
Purísimo de amor.

Y la hoja muerta vino
Rodeando tu hermosura,
Por ver si la existencia
Podríasle volver,
Sus fibras despertando
Con soplos de frescura,
Que frescos son tus labios,
Bellísima mujer.

Y tú con tus desdenes
Al ave y a la gota,
Sin atender sus ruegos,
Quisiste despedir;
También la pobre hojilla,
Que continúa ignota,
No pudo que tú, ingrata,
Le dieses el vivir.

III

El ave que en sus cantos
Sus mil desgracias llora,
Y la hoja que los vientos
Arrastran sin cesar,
La gota que ni un rayo
De tenue luz colora...
Ese es el desgraciado
Que siempre te ha de amar.

CANTARES

I

Riquísimas perlas tienes
En tu boca de azahar,
Do no escasea tampoco
El renombrado coral;
Y por eso, vida mía,
Cuando algún beso me das,
Yo voy ufano diciendo:
"¡Hoy he visitado el mar!"

II

Tienes sonrisa en los labios,
En tus ojos mucho amor,
Poco seso en la cabeza
Y hiel en el corazón.

ANTES Y AHORA

I

¿Eres la misma que en los balcones
Mi voz oías
En otros días,
Cuando impulsado por voz secreta
Te iba diciendo de mi alma inquieta
Las emociones?

¿Eres la misma cuya alba mano,
Alegre, ufano,
Yo acariciaba con manos frías
Y temblorosas,
Y en sus temblores tú comprendías,
Entre otras cosas,
Las ansias mías?

¿Eres la misma cuya voz suave
Hirió mi oído,
Como el gemido
Que exhala el pecho tierno del ave,
Como el susurro con que las flores
Se dan sus besos embriagadores?

¿Eres la misma cuya mirada
Dulce, inspirada,
Vivo reflejo de tu alma pura,
Borró las nieblas de mi amargura?

¿Es ese el mismo, tierno semblante,
Dulce, halagüeño,
Siempre risueño,
Siempre constante,
Que en otro tiempo feliz veía
Con ojos fijos el alma mía?

II

¡No eres la misma! ¡Todo ha cambiado!
Hoy sólo encuentro tu indiferencia,
Que mi existencia
Marchitará;
Cual se marchitan todas las flores
En el estío,
Cuando la brisa, cuando el rocío
No van sus pétalos
A refrescar.

Murieron todas mis ilusiones,
Y en lontananza
Ya no diviso de mi esperanza
La viva estrella, ni su fulgor.
Hoy sólo llevo dentro mi pecho
El dolor rudo,
Que cruel, sañudo,
Va aguijoneando mi corazón.

Hoy lanzo al viento sentidas quejas
Y mis suspiros
Que van perdiéndose en raudos giros,
Y sé que nadie recogerá.
¡No hay un acento que me responda!
¡No hay una mano que, cariñosa,
Mi faz llorosa
Pueda enjugar!
¡Todo está triste, mudo y desierto!
Ya mi ventura
En amargura,
En desengaño cruel se trocó;
Ya mis ensueños color de rosa,
A mis quimeras, a mis visiones,
Mis esperanzas, mis ilusiones,
¡Sólo me resta decir adiós!

VALENTÍN DURÓN

Nació en Comayagüela el 2 de julio de 1870.

Son sus padres don Francisco Durón y doña Casimira Gamero de Durón.

Comenzó sus estudios en Tegucigalpa, en donde obtuvo el grado de Bachiller en Ciencias y Letras en 1887. Luego pasó a Guatemala, y en aquella capital obtuvo en 1893 el título de Médico y Cirujano.

Regresó a Honduras inmediatamente, y ha prestado servicios al país como Cirujano del Ejército durante el sitio de Tegucigalpa en 1894, y durante la campaña de 1896, en que Honduras auxilió a Nicaragua para sofocar el movimiento revolucionario que estalló en León a principios de ese año.

Ha sido también Subsecretario de la Guerra, Médico Forense de los Juzgados de Letras del departamento de Tegucigalpa y Director del Hospital General.

En la actualidad es Secretario de la Facultad de Medicina y Cirugía, y Profesor de varias asignaturas en la misma Facultad.

SIMEÓN CAÑAS

I

¿Quién fue? ¿Por qué le canto? ¿Por qué es grande?
Su excelso nombre, de preclara gloria,
Brillará en los anales de la Historia
Como en la cumbre del cenit, el sol.

Nada le falta a su inmortal diadema:
Su frente es una antorcha que fulgura;
¿Quién las cadenas rompe y las tritura?
Es Cañas[1], del esclavo Redentor.

II

Fue el primer hombre que llamara hermano
A todo humano ser, por vil que fuese;
Esa es su gloria, su esplendor es ese:
¡Ser primero después del Salvador!

¿Los templos de su fama? No hay ninguno.
¿Los cantos a su nombre? Sólo el mío;
Que el hombre, en su insensato desvarío,
Se olvida de lo grande, hasta de Dios.

28 de septiembre de 1894.

---

[1] En la sesión que la Asamblea Constituyente de Centroamérica celebró el 31 de diciembre de 1823, presentó el venerable anciano, Presbítero don Simeón Cañas, Diputado por Chimaltenango, una exposición en que se hallan estas palabras:
"Vengo arrastrándome (se hallaba retirado por enfermedad) y si estuviera agonizando, agonizando viniera por hacer una proposición benéfica a la humanidad desvalida... pido que, ante todas cosas y en la sesión del día, se declaren ciudadanos libres nuestros hermanos esclavos... quedando para inmediata discusión la creación del fondo de indemnización de los propietarios..."
Barrundia y Gálvez apoyaron la proposición iniciada ya por ellos algunos días antes, y fue adoptada por unanimidad.
Cañas cedió para empezar a formar el fondo de indemnización sus créditos contra el Estado y sus dietas.

ELLA

¡Es un ángel de amor! ¿No la habéis visto
Cuando ella pasa airosa
Con su vestido de flotantes gasas,
Erguida la cabeza y orgullosa,
Con su talle gentil que se cimbrea
Cual palma del desierto
Al soplo de la brisa?

¡Es una reina! En su mirar chispea
El fuego del talento soberano;
En sus labios hay miel, la miel hiblea;
Y cuando juega en ellos la sonrisa,
Parece que se alumbra el firmamento
¡Con lumbre de placer!

¿Qué ser humano,
Que no sea esa virgen pudorosa,
Aúna a tan espléndida belleza
Un alma que es violeta, y un talento
Que es el sol esplendoroso?

El alma mía,
Al mirarla tan bella, le alzó un trono
Dentro de mi pecho amante;
¡Y al mirarla tan pura, reverente,
Tomando el corazón como incensario,
Le dio el incienso de mi amor ardiente!

EFUSIONES

A...

Yo he visto en tus miradas brilladoras
El fuego de tu alma,
Y he mirado en la seda de tus labios
El ansia de los besos ¡Oh, mi amada!

Yo siento al contemplarte los deseos
Que siente el hombre que en amor se abrasa:
¡Fundir mi cuerpo con tu cuerpo hermoso
Y también nuestras almas!

II

Yo sueño con tu imagen seductora
Cuando el dolor me amaga,
Y disipas las nieblas de mi mente
Con sólo una mirada.

¡Oh! ¡Si pudiera en tu virgíneo seno,
Envidia de las hadas,
Reclinar un instante mi cabeza
Al soplo de las auras,
Y soñar con amores inmortales
Componiéndote rimas inspiradas!

III

¡Amada, ven! ¡Tus hechiceros ojos
Sean la antorcha que ilumine mi alma,
Tus labios amorosos la áurea copa
En que beba mi boca enamorada
La miel de la pasión, y tu albo seno,
Lleno de amor para quien tanto te ama,
La suave almohada en que recline siempre,
Henchida de esperanzas,
Mi frente pensadora y abatida
Por el fiero turbión de la desgracia!

RIMA

A...

I

¿Y no podrás amarme? Cuando pienso
Que no calienta el sol las flores bellas

Para hacerlas vivir y den perfumes
Que vuelven hacia él en recompensa

De ese rayo creador, vivificante,
Que lanza de su disco, honda tristeza
Se apodera de mi alma, y me parece
Que las flores, el sol y las estrellas

No debieran vivir, pues ¡qué sería
Sin su concierto la creación entera!
Si el agua de las fuentes rumorosas
No besara los lirios y azucenas,

Si la luz no abarcara el horizonte
Y todo fuera noche, y los tormentos,
Tanto en el alma humana, como en todo,
Por siempre y sin cesar se sucedieran.

Si el sacro fuego del amor concluye
O no imperara en la creación entera,
¿Qué sería del hombre, qué del mundo?
¡Qué sería de Dios! ¡Habla! ¡Contesta!

II

El amor es un sol; la mujer, rosa,
Lirio gentil, adelfa o azucena;
En fin, flor. Y pasión como la mía
Es lumbre esplendorosa; tú, violeta.

Debo creer, ¡oh, amada!, que este fuego
Que me consume el corazón, pudiera,
Si tú no te ocultaras, consumirte
Y hacerte perecer. ¡Habla! ¡Contesta!

MIS CANTOS

Cada vez que te veo, dulce amada,
Vibra una cuerda de mi pobre lira,
La más blanda entre todas y más dulce,
Y que siempre obedece por sumisa.

Es la cuerda forjada por mis manos,
Hecha de amor, de lágrimas y dichas,
Suspiros y ansiedades, y sus notas
Son por eso diversas y distintas.

Si te veo y me ves cual otro tiempo,
Con el dulce mirar de tus pupilas,
"Canta" —le digo— y vibra dulcemente...
Y es cántiga de amor, dulce y sencilla.

Mas si airado tal vez, al contemplarte,
Tus ojos clavas en mi faz tranquila,
"Canta" —le digo— y son sus vibraciones
Un canto de dolor de mi alma herida.

Y es de dolor su canto casi siempre
Cuando no te contemplo, amada mía;
Y si llego a pensar que amas a otro,
¡Es de rabia su cántico... y de envidia!

A TI

Profundo arcano descifrar pretendo
Al meditar sobre mi infausta suerte;
Si es cierto que el calor derrite el hielo,
¿Por qué a mi amor tu corazón no cede?

Si hay en el mundo cambio de estaciones,
¿Por qué en mi corazón sólo hay invierno?
Si hay día esplendoroso y triste noche,
¿Por qué sólo la noche aquí en mi pecho?

Si las fieras se adoran en los bosques,
Si se aman con pasión los pajarillos,
Si las auras se besan con las flores
Y hay entre cielo y mar bellos idilios,

¿Por qué mi corazón enamorado
Late solo en el mundo, amada mía?
¿Por qué sólo para él fiero quebranto?
¿Acaso lo hizo Dios sólo de arcilla?

En vano busca el pensamiento mío
Solución a este arcano impenetrable,
Que si intento sondear mi cruel destino,
Un mar de sombras mi cabeza invade.

La noche del dolor tendió su manto
Ha tiempo sobre mí, desde que te adoro;
¿Y habré de sucumbir solo, ignorado,
Sin que empañe una lágrima tus ojos?

NUPCIAS

¿Recuerdas, vida mía?
¿Recuerdas, vida mía? Fue una noche
Cuando te dije que te amaba mi alma;
Los ojos tú bajaste, candorosa,
Sonreíste de placer y en oleadas
Subió la sangre a tu divino rostro.

¡Qué bella estabas tú! Te contemplaba
Henchido de placer... tú me miraste,
Y esa mirada de pasión volcánica
Iluminó mi pecho dulcemente
Con la luz gloriosísima de tu alma.

Al fulgor de esa luz que derramaste
En el fondo del pecho que te amaba,
Ver pudiste mis bellas ilusiones,
Postradas ante ti mis esperanzas.

Entonces de tus labios purpurinos
Brotaron dulcemente estas palabras:
—"Soy tuya; yo te amo desde el día
Que pude comprender que me adorabas...
Que esta noche de amor testigo sea
De la boda inmortal de nuestras almas!"

Yo entonces, loco, te oprimí en mis brazos
Y te besé en la boca sonrosada;
Nos juramos amor, amor eterno,
Y ese fue el desposorio de mi alma.

1890.

ÍNTIMA

Si alguien a ti se acerca, amada mía,
Y te habla de dolores sin iguales,
Piensa en los sufrimientos que a porfía
Mi corazón traspasan cual puñales.

Si hay alguien que te hable de imposibles,
Quiméricos ideales amorosos,
Piensa en mis sueños y ansia inextinguibles
Por tus bellos hechizos vaporosos.

Y si alguien te contare de pasiones,
Cual horrorosa tempestad bravía,
Piensa que en un millar de corazones
No encontrarás pasión como la mía.

FELICIDAD

A...

I

Al nido de las aves se asemeja
Tu tierno corazón, mujer amada,
Y el pensamiento mío, ave parece
Que al cielo eleva sus potentes alas;
No encuentra en él lo que afanoso ansía,
Y en tu pecho amoroso todo lo halla.

II

Mis palabras de amor son arroyuelos;
Tu tierno corazón es mar en calma;
Por bosques, por plantíos o por sierras,
Ora alegres, ya tristes, ellos vagan,
Buscando al fin consolador silencio,
En tu amoroso corazón descansan.

RIMA

A...

Ayer me lo dijeron. Ola helada
Circuló por mi cuerpo vacilante;
Creí morir de angustia; quedé mudo
Y sin poder pensar. Juré vengarme

Cuando volví de mi mortal letargo,
Pues la herida del pecho era tan grande
Que la sangre manaba a borbotones,
Y el alma se escapaba con la sangre.

Hoy ya no pienso en la feroz venganza:
Preferible es sufrir, llorar a mares
Por la mujer que el corazón adora
Con toda la potencia de un gigante.

Ya solo estoy. En otro tiempo el alma
Acariciaba tu divina imagen,
Tan hermosa y gentil, tan pura y bella
Cual blanco lirio en pintoresco valle.

Antes la acariciaba con delicia
Y soñaba placeres celestiales...
Hoy la miro también, siempre tan bella,
Pero manchada su corona de ángel.

La sangre derramada por mi pecho
Al ser herido, salpicó el encaje
Con que cubría su cabeza hermosa
Y su garganta de blancura mate.

Solo con mi dolor me encuentro ahora,
Con mis penas y tristes ansiedades,
Tanto por las heridas que me hiciste
Como por verte sin tus alas de ángel.

¡Dolor! ¡Fiero dolor! ¡Amargo acíbar
Que he apurado de un golpe, sollozante!
¡Cuán grande es tu poder, cuán grande y duro!
¡Déjame, por piedad! ¡Ay! ¡No me mates!

¡Tristeza y soledad! A veces siento
Correr olas de fuego en vez de sangre,
Que se hielan después y que me crispan
Los nervios de este cuerpo miserable.

Solo, con la cabeza entre las manos,
Siento latir las venas, y anhelante
Yo quisiera arrancar de una vez sola
El corazón que ingrata desgarraste...

Después... viene la calma, apenas sufro
Y concibo esperanzas que, fugaces,
Se van con mis suspiros por los vientos,
Y triste y solo quedo como el sauce.

¡Dolor! ¡Fiero dolor! ¡Amargo acíbar
Que he apurado de un golpe, sollozante!
¡Cuán grande es tu poder, cuán grande y duro!
¡Déjame, por piedad, y no me mates!

ANTE TU IMAGEN

Como sabes, yo siempre mis dolores
Los envuelvo en el manto de la dicha;
La dicha que me ofrece tu recuerdo,
La dicha con que sueño, me acaricia.

Hoy he estado también viendo tu imagen,
Pálido el rostro, el corazón violento;
Las manos me temblaban, y mis labios
Balbucían palabras de misterio...

¿Qué dije o qué sentí? No sé; ¡mi alma,
Fija en la tuya y en tu hermoso cuerpo,
Tal vez maldeciría por la ausencia
Tu dulce y melancólico recuerdo...!

Mas las almas son unas o son nada;
Nunca creció la rosa en los desiertos,
A no ser que la lluvia de la dicha
Haya regado sus rosados pétalos.

Y así habré de morir como esas rosas
Que necesitan de constante riego;
¡Y apenas el recuerdo, cual rocío,
Deja una gota en sus nectarios bellos!

¡Y así, con tu recuerdo, que me abrasa
Como ascua de oro que consume el pecho,
Pienso también que has de sentir lo mismo
A la tranquila luz de mi recuerdo!

Bien lo sabes, yo siempre mis dolores
Los envuelvo en el manto de la dicha;
¡La dicha que me ofrece tu recuerdo,
La dicha con que sueño y me acaricia!

Tegucigalpa, 21 de noviembre de 1893.

PARA UN ÁLBUM

Cuando lejos me encuentre de esta tierra,
Cuando en medio de tristes ansiedades
Y de fieros dolores, el recuerdo
De las pasadas dichas y combates
Sea el contento de mi edad provecta
Para endulzar un poco mis pesares,
Entonces, entre tantas ilusiones,
Sufrimientos, placeres y fugaces
Deseos que recorra el pensamiento,
Tú serás la ilusión que nunca pase,
El sufrimiento que jamás se extinga
Y el placer que amoroso y anhelante
Siempre quise gozar; la dulce nota
De mis mejores cantos, la más suave
Y armoniosa cadencia de mis ritmos,
El perfume más rico y agradable,
La luz más viva que ilumine mi alma,
Y la causa primera de mis males.

Cuando, gozosa, al mismo tiempo, leas
La lista de tus goces a millares,
Cuando recuerdes los pasados triunfos
Que tu belleza conquistó brillante,
Y las envidias de las más hermosas

Porque les dabas celos y pesares;
Cuando recuerdes la suntuosa corte
De donceles garridos y elegantes,

De los que hicieran presa tus hechizos
Con sólo sonreír o con mirarles;
Cuando recuerdes que, tirana siempre,
Los sumías en hondas ansiedades,

O elevabas al solio de la dicha,
Ya poniéndote seria, o bien amable;
Cuando tantas dulzuras y placeres,
Por tu memoria, en su carrera pasen,

Entre tus triunfos y pasadas glorias,
¡Yo pasaré cual golondrina errante!

RIMA

A...

¡Hechicera mujer! ¡Quién fuera el aire
Que tú respiras, para estar contigo!
¡Quién fuera un rayo de la luz que brilla
En tus ojos bellísimos!

¡Quién fuera el agua del estanque hermoso
Donde púdica bañas tus hechizos!
¡Quién fuera el lecho donde tú te duermes
Soñando con los silfos!

¡Quién fuera rosa de fragantes galas
Para adornar tu pecho enardecido!
¡Quién fuera lo que ansías cuando piensas
En el amor divino!

Ser quisiera todo eso, vida mía,
Porque te adoro con febril delirio;
Mas si me dieras a escoger, quisiera...
¡Sucumbir de pasión, pero contigo!

PARA TI

Ya es tiempo que las sombras desaparezcan
Dando paso a la luz que arde en tus ojos,
Que los dolores huyan o perezcan
Con sólo sonreír tus labios rojos.

¡Habla! ¡Que tus palabras melodiosas
Hagan vibrar el alma que te ansía!
Que revivan las muertas mariposas
Al soplo de tu amor, ¡oh, amada mía!

El viento del olvido que desprenda
Del árbol de mi amor las secas hojas,
Y una pira con ellas que se encienda
Donde acaben por siempre mis congojas.

Resignado he vivido con mi suerte;
Mas ya no quiero llanto ni dolores;
Quiero vivir; ¡no ansío ya la muerte...!
¡Dame a besar tus labios seductores!

¡No temas, ángel, ven! ¡Quiero oprimirte
Contra mi pecho que te adora tanto,
Y besarte en los labios y decirte
Cómo acaba en tus labios mi quebranto!

A LOLA SORIANO DARÍO

¿Para qué pides versos
Al que en mar proceloso y de tinieblas
Por siempre ha navegado?
¿No sabes que sus cantos de tristeza
Te partirán el corazón?

Aguarda,
Aguarda que las sombras desaparezcan,
Que una luz, y brillante, dentro el pecho
Sin titilar, ¡por siempre resplandezca!

Entonces, Lola amiga,
Satisfecho, sin dudas y sin penas,
Yo te daré los versos que me pides,
Lleno de dicha y de ternura inmensa.

Déjame ahora así con la pupila
Fija en la playa que aparece cerca,
Y que lejos estás... ¡siempre tan lejos!...
¡Alienta, mi barquilla, alienta, alienta!
¡Puede ser que arribemos a la playa,
Pues tranquilo está el mar, y ya alborea!

1896.

NOVIEMBRE

Siempre es triste noviembre; para mi alma,
Del año es lo mejor, por sus tristezas,
Pues semejan sus brumas y sus brisas
Un algo que solloza dentro de ella.

Ella, que nunca vio los resplandores
De un sol de mayo en la azulada esfera,
Se siente hasta feliz, pues le parece
Que el mundo entero su dolor remeda.

Ya marchitas las bellas ilusiones,
Cual flores que agostara la tormenta,
Es dulce y triste ver cómo la natura
Despójase también de su diadema.

No sé qué dulce y sin igual consuelo
El corazón del hombre experimenta
Al medir los dolores de los otros
Y ver más grandes todos los que encuentra.

Pero los tristes árboles que tienen
Secas las hojas y las flores secas,
Deben sentir placer cuando los vientos
A lejana distancia los avientan.

Y así quisiera yo para las flores
Que el árbol de mi amor secas presenta,
Que un huracán viniera y las llevara
A ignoradas regiones de la tierra;

¡Para después, con calma y macilento,
Esperar a la hermosa primavera,
Y ver brotar mis yemas y capullos
Llenos de vida y sin igual belleza!

PODER DEL AMOR

Vestida ricamente y reclinada
En un muelle sofá,
Hallábase una niña encantadora,
Y a sus pies un galán.

Él hablaba de amor, de sueños de oro,
De un encantado edén;
La pedía su amor, llorando a mares,
De hinojos a sus pies.

Pero ella, indiferente a sus palabras,
Tranquila contestó:
—Dame oro en profusión, dame diamantes
Si deseas mi amor.

Estas palabras de interés mundano
Helaron al galán;
Corrió por su organismo ola de nieve
Y cesó de llorar.

Y ¡oh poder del amor! ¡aquellas lágrimas
Heláronse también,
Y rodaron en forma de brillantes
De la hermosa a los pies!

MIENTRAS LLUEVE

Imagen del dolor de mis dolores,
Lluvia tenaz, emblema de mi llanto,
¡Cuán presto vuelves a angustiar mis flores
Y a aumentar mi congoja y mi quebranto!

¡Cuánto tiempo, infeliz, soñé en la hora
De ver triunfante el sol de la alegría,
Iluminar mi frente soñadora...!
Pero en vano esperé... ¡fatal porfía!

Hoy así como ayer, como hoy, mañana
Mi vida ha de pasar en el tormento:
Nunca la flor de mi ilusión, ufana,
Mezclará sus perfumes con el viento.

¡Es en vano luchar contra el destino!
Dicha y sosiego he de esperar en vano:
Cuando caiga jadeante en el camino,
No me dejes allí, dame la mano.

Yo me levantaré cual nuevo Anteo
Adquiriendo valor en la caída
Para sufrir cual otro Prometeo
Del buitre del dolor la cruel herida.

Toda la senda regará mi llanto
Y brotarán a su contacto flores;
Y cuando pases ha de ser mi encanto
Que te sirvan de alfombra mis dolores.

Y si esta dicha he de mirar cumplida,
Si esto logran mi afán y mi ternura,
Bendeciré el pasado de mi vida
En que más me abatió la desventura.

3 de junio de 1896.

LA NOCHE

IMITACIÓN DE YOUNG

Cuando llega la noche silenciosa,
Todo es calma y quietud, todo reposa,
Ante la vista todo desaparece,
Naturaleza triste se adormece,
Y en su tranquilo y lánguido beleño
A la muerte seméjase su sueño.

Entonces el cuitado
Así dice al destino malhadado:
—Si todo duerme, que permitas pido
Que repose mi pecho adolorido,
Que tiene tantas penas,
Que extinta está la sangre de mis venas.

Deja que el sueño con su dulce halago
Suavice de mis penas el estrago.
Si el que contento la fortuna goza

Entre tus brazos lánguidos reposa,
¿Por qué, ¡oh, sueño!, con el mismo celo
No acoges al que llora en su desvelo?

Suspendes los amores y la orgía
Del rico que te olvida, en su porfía...
¡Oh sueño, ven! ¡Derrama dulce encanto
En los ojos nublados por el llanto!

1896.

FELIX A. TEJADA

Nació en Olanchito el 30 de marzo de 1866.

Era hijo de don Leocadio Tejeda y de doña Juana Agurcia de Tejeda.

En 1883 se hallaba en Tegucigalpa, haciendo sus estudios de enseñanza secundaria en el Colegio Nacional, establecimiento dirigido a la sazón por el notable educacionista cubano don Tomás Estrada Palma.

En 1887 se trasladó Tejeda a Guatemala, en donde comenzó a hacer estudios de Abogado.

Durante su permanencia en aquella capital, escribió y publicó muchas composiciones en verso y valientes artículos de periódico que atrajeron sobre él la atención, hasta el punto de que uno de los departamentos de aquella República lo eligió Diputado al Congreso Legislativo.

De regreso a Honduras en 1895, fue nombrado Secretario de la Corte Suprema de Justicia, pasando en seguida a formar parte del Tribunal Superior de Cuentas.

El 19 de febrero de 1896, como a las cinco de la tarde, se paseaba solitario por la orilla izquierda del Río Grande, frente al baño llamado "El Carrizal". Luego se sentó en una piedra, sacó su revólver y, apuntándose al cielo de la boca, disparó. La muerte fue instantánea.

Sus restos fueron llevados al cementerio entre las lágrimas de sus desolados amigos.

LA POESÍA

Yo floto en la ondulante cabellera
De la aurora gentil y pregonera
Del sol que dora el firmamento azul,
Y viajo con los rayos ardorosos
Que atraviesan el éter cautelosos,
Envuelta con mi túnica de luz.

Vivo y palpito con creciente anhelo
En la azulada bóveda del cielo,
Y cabalgo en el bóreas bramador;
En la nube de nieves voladora
Sorprendo la mirada de la aurora
Y descubro el secreto del dolor.

Donde quiera que poso, un ser alienta;
En el seno fugaz de la tormenta
Soberbia y grande dibujada estoy.
Y cruzo los espacios siderales
En torrentes de luz, cual los ideales
Del firme y gigantesco soñador.

En la línea, en la sombra, en el espacio,
Cual reina universal tengo un palacio
Con techos de cristal y rosicler,
Y hundiendo la mirada a mi deseo
Descubro y palpo y complacida veo
Las varias formas que me dan el ser.

Nada se esconde a mi visual divina;
En el mentido azul de la colina
Habito tras el manto de ilusión,
Y desciendo del valle a la verdura
Cual la diosa fugaz de la hermosura,
Derramando el perfume y el amor.

Cruzando las montañas con la brisa,
Con los vagos rumores simpatiza

Mi espíritu ideal hecho de luz,
Y en la hoja, en la rama y en la fuente,
Rozando pasa mi serena frente,
Como aspirando al firmamento azul.

Me paseo en la bóveda del cielo,
Extendiendo el arcoíris de consuelo
Con que Dios presagiaba todo bien,
Y tomando mil formas caprichosas
Voy mezclada en la vida de las cosas
Forjando en todas ellas un edén.

En el astro la luz que parpadea
Apenas es remedo de la idea
De mi rica hermosura primordial;
Como el ángel me cubro con las alas
Y ciñen mis contornos regias galas
Con que adorno mi seno virginal.

Soy vida, soy calor, soy movimiento;
Con mi soplo inmortal infundo aliento
A todo lo que pierde su vigor;
Y basta mi presencia animadora
Para dar al océano seductora
Y terrible belleza en su furor.

Apacible y tranquila me presento
Ante el móvil y líquido elemento
Como dando confianza al corazón,
Pero luego soberbia y denodada
Muestro al mundo mi frente levantada
Al través del furor del aquilón.

En el alma del hombre soy deseo,
En el pecho gentil un devaneo
Que sigue los senderos del ideal:
Al amor y al deber se sacrifica,
Pero en ellos su ser se dignifica
Y se eleva a la vida espiritual.

Soy sensible, soy tierna y soñadora:
En el seno virginal de la que adora
Con alma ardiente, espiritual mujer,
Irradio en hermosura y gentileza,
Y pongo en sus facciones la belleza,
Eterna fuente de inmortal placer.

En el mármol soy luz con que ilumina
El sabio artista su creación divina
Tallada en formas de belleza ideal;
En el lienzo doy vida a los colores
Y formo los contornos seductores
Del alma del amor universal.

En la faz de la virgen soy risueña;
Con los tintes de rosa me hago dueña
Del tierno y voluptuoso corazón:
Recojo los suspiros de la amada
Formando en su mejilla delicada
Los esquivos deseos del pudor.

Todo se halla en mi seno concentrado;
Soy dueña universal de lo creado,
Del cielo y tierra, de la estrella y flor;
Cuando el dolor humano se subleva
Oculta y sola por doquier me lleva
Y doy belleza al inmortal dolor.

Mayo de 1895.

A LOLITA INESTROZA

EN SU ÁLBUM

Las hojas primorosas de tu libro
Debieran contener alguna idea:
El lienzo de un artista enamorado
O el sueño deslumbrante de un poeta.

O formado con gotas de rocío,
En un modelo de inmortal belleza,
Un artístico cuadro, con el busto
De su adorable y delicada dueña;

Y ceñido por marco de esmeralda,
Reflejando en su fondo luz febea,
El vago resplandor de lumbre pura
Pondría el alma a su hermosura griega.

Esto digno sería de tu libro
Como cuadro de artística belleza.

Tegucigalpa: mayo de 1895.

CADENCIAS

El sol ya declina cayendo al ocaso
Y dora las cumbres con ígneo fulgor:
Que deje este cielo de azul y de nácar
Que aquí nos alumbran tus ojos de amor.

Se agrupan las nubes allá en occidente
Cual tenues capullos de blanco algodón;
Sonríen los astros, el orto sonríe;
Mas solo a tu lado sonriente yo estoy.

La brisa que pasa discurre ligera
Llevando en sus pliegues de un ritmo la voz:
Así de mi pecho que siempre te nombra
Se escapa un suspiro buscando tu amor.

Que el sol ya se esconda, que el cielo se empañe,
Que pasen las nubes de níveo color,
Que lloren los astros, que gima el oriente,
Que borren las sombras el vivo arrebol:

Ya nada me asusta, ya nada me resta,
Si quiere la dicha formar nuestra unión,
¡Porque hay en tu rostro sonrisas más gratas
Que el cielo y los astros, las nubes y el sol!

TRAS LA PORTADA
EN UN ÁLBUM

La puerta del alcázar abierta está, señora;
Pasar pueden por ella, envueltos en la aurora,
Los seres impalpables que habitan en la luz:
De mármol son los muros, de lunas venecianas,
Dorados son los marcos de arábigas ventanas,
Y ostenta el cortinaje las perlas del Ormuz.

Profundo es el silencio que reina en los salones:
En círculos formados ostentan los sillones
El lujo incomparable que gasta el oriental.
La Alhambra le ha prestado sus ricas bordaduras,
La mano de un artista bellísimas figuras,
La nieve su blancura, reflejos el cristal.

Al beso matutino del alba cariñosa,
Las gotas de rocío se cuajan en la rosa,
Y en lágrimas de flores bañado está el jardín;
Esperan impacientes la mano alabastrina
Que pueda colocarlas en jarros de la China,
Llenando de fragancias el bello camarín.

Los pajes se atavían con rica vestidura,
Las damas camareras, radiantes de hermosura,
Cruzando los salones se agitan sin cesar;
Aguardan que del sueño despierte la sultana,
Pues saben que recibe, rayando la mañana,
A príncipes y bardos que vanla a visitar.

Ya acuden como en tropa de duendes soñadores
Los jóvenes apuestos, los dulces trovadores,

Y el bardo de las selvas, el triste ruiseñor.
Espléndida y radiosa principia la mañana:
La luz puebla los valles, el monte se engalana,
Y vibran en el alma las cuerdas del amor.

Los sueños encantados se agitan en la mente;
Rumores de las brisas, vapores de la fuente,
Infunden en los pechos ardor de juventud.
La diosa simpatía preside en el palacio,
Y vibran cual los coros que rompen el espacio,
Los cantos inmortales que ensalzan la virtud.

Aquí los pensamientos de luz y de pureza,
Los más hermosos cuadros que engendra la belleza,
Ideas cinceladas, prodigios del pincel,
Los versos del poeta que canta sus amores,
Esencias y perfumes de las vistosas flores
Que guarda en su inocencia blanquísimo papel.

Alcázar es su libro, de nieve revestido;
Los más caros afectos en él tienen su nido,
Y cantan como el ave la luz del nuevo sol.
En él nacen y crecen y viven inocentes,
Cual sueños virginales que vagan en las mentes,
Flotando en los celajes del más puro arrebol.

Tegucigalpa: 22 de octubre de 1895.

A ROSINDA

Cuando al vago reflejo de la aurora
Aparece una virgen solitaria,
Envuelta en los cendales vaporosos
De una penumbra que el oriente baña,
Parece que sueñan
Alegres las almas,
Parece que vuelven
Las dichas pasadas.

Cuando la alondra con su canto tierno
Anuncia la explosión de la mañana
Y despiertan las aves en sus nidos
Celebrando una fiesta alborozadas,
Entonces reciben
Los besos del alma
Los cerros, los valles,
Las verdes montañas,
Y todo lo anima
La nueva alborada.

Cuando se mira una mujer hermosa,
Tan hermosa de cuerpo como de alma,
Semejando la urna cristalina
Que en vez de perlas las virtudes guarda,
Entonces el pecho
De amores se inflama,
Con esa nobleza
De edades pasadas,
Y luego rendido
Se postra a sus plantas.

EN LA ÚLTIMA PÁGINA DE "MARÍA"

Eso es amar con sin igual ternura;
Eso es gozar la dicha apetecida;
Eso es formar en la ilusión la vida
Con los encantos que posee natura.

Eso es sufrir con indecible anhelo,
Eso es mojar en el amor el alma;
Eso es mirar desde la tierra un cielo
Do están la dicha y bendecida calma.

Eso es amar en tierno arrobamiento,
Conservando en el alma una armonía
Que flota en un oculto pensamiento:

De un alma superior la bizarría
Embriagada en su propio sentimiento.
Eso es tu amor, angelical María.

CONTRASTES

A MARÍA

¡Ah! ¡De las esperanzas
Vestidas de albos colores,
Cuando vuelan y atraviesan
Los variados horizontes!
Buscan unas imposibles,
Nadan otras en ficciones,
Y cual mariposas fúlgidas,
Son envueltas por la noche;
¡Y en la noche de las almas,
No nace el sol ni se pone!

Así exclamaba, María,
Mi corazón desacorde,
Cuando solo se encontraba,
Sin recuerdos, ni ilusiones:
Cuando la mano del tedio
Acalló sus pulsaciones
Y como un cadáver vivo,
En un féretro encontróse.

Lancé una mirada al mundo
Y fue la mirada torpe,
Porque en nada calmó
La ansiedad de sus dolores.

¿Has sentido las angustias
De los sueños de la noche,
Cuando furias infernales
Nos acometen feroces?
Cuando el puñal homicida

En nuestros pechos se acoge
Y salen del alma gritos
Profundos, desgarradores;

Cuando Luzbel, revestido
Con un iris de colores,
Realizando sus conquistas,
Es Atila de los hombres;
Cuando flotan en el aire
De los duendes las legiones
Y con manos insolentes
Nuestros párpados descorren,

Y surgiendo de improviso
Mundos de varios colores,
En océanos borrascosos
Se arrojan las ilusiones.
¡Así cayó mi esperanza
En los mares de la noche!

El canto de la tristeza
No tiene dulces acordes:
Conmueve con amarguras,
Se forma con decepciones;
Su desahogo son suspiros
Y el llanto que mudo corre,
Es el rocío que baña
Los dolientes corazones.

En las horas de silencio,
Cuando la quietud insomne,
Reflejos de luz divina
Nos deja ver en el orbe,
Al cielo le he preguntado
El porqué de mis dolores,
Y siempre mudo y sombrío
El cielo no me responde.

Pero tú llevas, María,
Las más gratas ilusiones;
Para ti son las sonrisas,
Los cantos de trovadores,
Y las notas de las liras
Y los sueños de los hombres.

Tú respiras los perfumes,
Las esencias de las flores,
Y formas de los gorjeos
Tus últimas distracciones.

La sonrisa de tus labios
Es un efluvio de amores,
Una fuente de poesías
Y frescas inspiraciones.
Para ti, lumbre del cielo,
Los mirajes y arreboles
Que la luz, con mano artista,
Reproduce en sus primores.

Los sueños de la ventura,
En sus más íntimos goces,
Les dan a tus pensamientos
Sus dulces fulguraciones.

Y cuando miro tus ojos
Velados por dos crespones
Que sirven de cortinaje
Al ángel de los amores,
El pensamiento importuno,
En sus impulsos veloces,
Quisiera llegar, María,
A tus secretas regiones
Y adivinar tus ensueños,
Tus ensueños interiores.

Dicen que tienen las niñas
Pensamientos tornasoles
De donde surgen los destellos
De sus suaves impresiones;
Si yo retratar pudiera,
Con un iris de colores,
Las pulsaciones ocultas
Del mundo que tú conoces,
Las dejaría en tu libro,
En tu libro de impresiones.

Perdona si ya he vertido
Las notas de mis dolores,
En tu libro consagrado
A recoger ovaciones;
Mas tu bondad es inmensa,
Y creo que las acoges
Con esa dulce ternura
Que en tu corazón escondes.

Tegucigalpa: 9 de febrero de 1896.

JUAN R. VALLADARES

Nació en Danlí en 1865.

En el Colegio que dirigía don Pedro Nufio en aquella ciudad, por los años de 1883 a 1887, hizo sus estudios de enseñanza secundaria.

En Choluteca publicó una colección de sus versos en 1891, habiendo sido él mismo el impresor del libro.

En 1894 se trasladó a la República de El Salvador, donde aún permanece dedicado a negocios de comercio.

BRUMAS

¡Ay! Si es que la vida encierra
Sólo amargos sinsabores,
Si por doquiera hay dolores
Que nos hacen padecer,
Yo de este mundo, Dios mío,
Quiero levantar el vuelo,
Quiero volar hacia el cielo
Y allí admirar tu poder.

¡Fe, ilusiones y creencias
Las he perdido en un día!
¡Todo en derredor me hastía
Y tengo del mundo horror!
Hay un algo que me abruma,
Que me espanta, que me aterra...
Quiero salir de la tierra
Y huir también del dolor.

Todos caminan ciegos
Con una venda en los ojos,
Y aunque marchan sobre abrojos
Van tras la felicidad:
Perseguir una quimera
Y buscar lo que no existe,
Este es el destino triste
Que cumple la humanidad.

Ese es joven, preguntadle
A qué aspira, qué ambiciona,
Y él responde: una corona
De palma, mirto o laurel;
Y camina muy ufano
Creyendo suyo el destino;
Pero ¡qué halla en su camino?
Sólo torrentes de hiel.

Allí va otro: su semblante
Lleva el sello de la duda;
Batalla terrible y ruda
Sostiene allá en su interior.
"Es un santo", dicen unos;
"Un malvado", gritan otros;
Mas después decís vosotros:
"Es un mártir del dolor".

¿Quién es aquél? Un guerrero
Que marcha meditabundo;
Quiere conquistar el mundo
Tan sólo por ambición.
Alcanza al fin su deseo
En medio de la victoria,
Y cuando es suya la gloria
Expira en la corrupción.

¡Ved! Una esperanza es éste
Para el partido plebeyo;
Él ha vencido a Pompeyo
Y marcha en carro triunfal;
Mas la ambición lo decide
A deprimir al Senado,
Y allí muere asesinado
Por filicida puñal.

Ese es filósofo y sabio;
Busca la verdad, la enseña,
Y por demostrar se empeña
Las leyes de rotación;
Mas lo acusan de herejía,
Y perseguido cruelmente,
Es la víctima inocente
De la Santa Inquisición.

Aquel otro es visionario...
Concibe un mundo en su mente,
Piensa encontrar el Oriente

Por opuesta longitud;
Por eso le llaman "loco";
Mas él un mundo descubre,
Y aunque la gloria lo cubre,
Sufre negra ingratitud.

Y éste que asombra y aterra,
Que un semidiós nos parece,
Mar que brama y se enfurece,
O desesperado león;
Cuando alcanza gloria olímpica
Y se ciñe una corona,
¡La fortuna le abandona
En solitario peñón!

Pocos leen en el presente,
Y ninguno en lo futuro;
El porvenir es oscuro
Cual noche de tempestad.
Quizás es desconocido
Para todos el pasado,
Pues que nadie ha vislumbrado
Ni un rayo de la verdad.

¡Ay! Cuando las densas brumas
Trastornan mi pensamiento,
Algo de sombrío siento
Que abruma a mi alma, Señor.
¡Y te busco en lo infinito,
Mas hallo tu omnipotencia
Aquí en mi propia conciencia,
Templada por el dolor!

1884.

A ELLA

Como el león africano soy altivo;
Como el águila audaz soy altanero;
Jamás por lo trivial me desespero,
Y nunca por lo ruin yo me desvivo.

Yo, de lo grande y generoso vivo;
A la mujer por sus virtudes quiero;
Y antes mil veces sucumbir prefiero
Que de una veleidosa estar cautivo.

De la pasión y sufrimientos tantos,
Mujer, tan sólo queda ya un murmullo,
Y un recuerdo no más de mis quebrantos.

Desprecio de tu amor el dulce arrullo,
Desprecio tus caricias, tus encantos,
Que si es que yo sé amar, me sobra orgullo.

31 de diciembre de 1890.

LAS MUJERES

Estudiando distintos caracteres,
Hallé (si mi opinión no se desprecia)
Que suelen con frecuencia las mujeres
Apreciar al que menos las aprecia.

Son tantos sus caprichos y dobleces,
Que no sé cómo el hombre las adora:
Reír del que sufre es su placer, y a veces
Sin motivo llorar con el que llora.

Altivas por sus gracias y belleza,
Desdeñan al que humilde las implora,
Y saben con hipócrita dureza
Despreciar al que tierno las adora.

Y creyendo que es firme el que es galante,
Por más que la lisonja sea necia,
Sucédeles burlarse del constante,
Y adorar al que altivo las desprecia.

1888.

CARLOS CÁCERES BUSTILLO

Nació en Comayagua el 26 de marzo de 1870.

En la Universidad Central de la República obtuvo el título de Licenciado en Jurisprudencia y Ciencias Políticas el 29 de abril de 1890.

Ha desempeñado algunos puestos públicos, entre ellos el de Fiscal del Juzgado 2° de Letras de lo Criminal de Tegucigalpa.

Fue colaborador de El Tren, periódico que fundó don José M. Aguirre, y de El Guacerique, revista literaria que fundó el Doctor don Ramón Rosa.

Su última obra es una Geografía Elemental de Honduras.

DESESPERACION

IMITACION DE ESPRONCEDA

> "La llama de un incendio
> Que corra devorando,
> Escombros apilando,
> Deseo yo encender;
> Tostarse allí un anciano,
> Volverse todo tea,
> Oír cómo vocea...
> ¡Qué gusto! ¡Qué placer!"
>
> JOSÉ DE ESPRONCEDA.

Me gusta ver la noche
Cubrir el firmamento
Y un manto ceniciento
Al cielo encapotar;
Me gusta ver los rayos
Plateados de la luna,
Ahogarse allá en su cuna
Y no poder brotar.

Me gusta ver el rayo
De púrpura teñido,
Y el viento enfurecido
Al orbe amedrentar;
Y ver bajo mis plantas
La tierra conmoverse,
Y temblorosa henderse,
¡Y con terror bramar!

Y ver de las centellas
La luz fosforescente
Iluminar mi frente
Con tétrico fulgor;
Y en noches tenebrosas

Mirar sobre los mares
Las naves a millares
Rodeadas de pavor.

Me gusta un terremoto
Que al mundo, con espanto,
Lo suma en el quebranto
Y lo haga estremecer;
Y luego, de las torres
Y grandes edificios,
Tan sólo los desquicios,
En torno, pueda ver.

Mirar que sobrevenga
Tristísimo verano,
Y a todo ser humano
La llene de aflicción;
Mirar cual se marchitan
Las plantas y las flores;
¡Mirar sólo dolores,
Mirar desolación!

Y ver en fiera guerra
La muerte allí pasearse,
De víctimas cebarse
Y al mundo desafiar;
Y en medio del combate,
De balas al silbido,
Oír el alarido
De aquel que va a expirar.

Me gusta en el desierto,
Por áridos caminos,
Mirar los peregrinos
Muriendo de hambre y sed;
Y ver sus caravanas
Y pobres cargamentos
De huracanados vientos
Despojos tristes ser.

Y ver pedir los pobres,
Enfermos, desvalidos,
Limosna, con gemidos,
En nombre del Señor;
¡Y luego, despedirlos
Con frases despiadadas,
Con cínicas risadas
Que aumenten su dolor!

Me agrada de las tumbas
El fúnebre reposo:
Tan sólo allí, dichoso,
Podría descansar,
Pues nada vale el mundo,
Y es sólo una quimera
La dicha que se espera
Y nunca se ha de hallar.

¡Por eso, ansioso y loco
Maldigo la existencia,
Maldigo la conciencia,
Maldigo la razón!
No veo, en mi delirio,
Sino miseria y lodo;
Quimera es todo, todo...
Satánica invención.

¡Con cuánto gozo viera
Romperse este embolismo,
Abrirse allí un abismo
Y el tiempo atrás volver;
Los mundos y los soles
Chocar, en un momento
Caer, y de contento
Morirme de placer!

A MI HIJA ELENA

Yo siento una fruición desconocida,
Un gozo inexplicable, una ternura,
Al besarte en la faz, bella criatura,
Al llamarte, mi bien, hija querida.

Los pesares que mi alma ha tiempo anida
Se borran de mi pobre pensamiento,
Al tenerte y besarte, y con tu aliento
Alientas la esperanza de mi vida.

Por mi modesto y mi tranquilo hogar
La opulencia mayor despreciaría,
Que en él yo tengo para dicha mía,

Y para gloria y para bien sin par,
Y para alivio de mis tristes penas,
Dos ángeles de luz: ¡mis dos Elenas!

DOROTEO FONSECA

Nació en Santa Bárbara el 28 de marzo de 1869.

Es hijo del Coronel don Francisco Fonseca y de doña Antonieta Castro de Fonseca.

Tenía trece años aproximadamente cuando se trasladó a El Salvador a hacer sus estudios. En la Universidad de aquella República obtuvo el grado de Bachiller en la Facultad de Jurisprudencia el 7 de diciembre de 1899.

Fue uno de los fundadores de la importante sociedad científico-literaria La Juventud Salvadoreña, y su Presidente en 1890 y en 1897. Fue también director de la acreditada revista que era órgano de aquella Corporación.

El señor Fonseca ha escrito mucho en verso. Su Himno al Maestro fue adoptado como oficial en las escuelas de El Salvador.

HIMNO AL MAESTRO

CORO[2]

Salve, oh mártir, que cifras tu anhelo
En brindarnos la dicha y la luz,
Despreciando los goces del suelo
Por llevar de MAESTRO la cruz.

I

Aunque indignos, tal vez, de elevarte
Nuestra voz en tan grato momento,
Nos inspira un filial sentimiento,
Nos impulsa un sagrado deber.
Porque tú, con esmero y constancia,
En el bien nuestro paso aseguras;
Porque tú iluminarnos procuras
Con la antorcha inmortal del saber.

II

Hoy ofreces tu cara existencia
De este templo de luz en las aras,
Do con férvido afán nos preparas
Un risueño, feliz porvenir:
Do, inspirado en tu excelsa consigna,
Te nos das como guía y consuelo,
Y nos haces con próvido celo
Nuestro noble destino cumplir.

III

Tú nos muestras las puertas del cielo
Al albor de una sana enseñanza,
Que nos llena de fe y esperanza
Y nos funde en el más santo amor.
Tú nos llevas, en fin, por el campo
Más propicio, brillante y fecundo:

---

[2] Este himno tiene música especial, compuesta por el inspirado e inolvidable artista italiano Césare Georgi Vélez.

¡Eres tú nuestro padre segundo,
Eres tú nuestro amante mentor!

IV

Justo es, pues, si en tan plácido día
Nuestros tiernos loores te alzamos,
Y una muestra, aunque humilde, te damos
De filial gratitud y adhesión:
Si en señal de estos puros afectos
Que sentimos por ti en nuestras almas,
Te ofrecemos coronas y palmas,
Bendiciendo, a la vez, tu misión.

V

¡Oh Maestro! Si bien no podemos
Expresarte en lenguaje elocuente
Este inmenso cariño, esta ardiente
Gratitud que guardamos por ti;
El Señor, que nos oye y que sabe
Estimar tu labor meritoria,
¡Compensarte sabrá con su gloria
Todo el bien que hoy nos labras aquí!

A COLÓN

En el IV Centenario del Descubrimiento de Centroamérica

Largos siglos América tenía
De yacer ignorada e ignorante
Del antiguo hemisferio,
Cuando en glorioso día
Un Genio-Navegante
De su existencia reveló el misterio.

Nauta también del mar del pensamiento,
El gran Colón, tras meditar profundo,
¡Por vez primera anuncia al Viejo Mundo
De un mundo nuevo el virginal portento!

Atónita la Europa, no comprende
Cómo aquel hombre en afirmar se aferra
La inaudita existencia de una tierra
Que ella, en su miopía, no trasciende.
Reyes, sabios, magnates y pequeños
Júzganle un insensato visionario,
Que convertir en realidad pretende
El menos verosímil de los sueños
Y el propósito más estrafalario.
Vanos son los empeños
De Colón por mostrarles la certeza
Del mundo que les lleva en la cabeza;
Mundo al cual corresponde
Otro mundo real cuya grandeza
Tras un inmenso océano se esconde.

Los sabios... no recuerdan
Haber dado jamás en sus lecturas
Con nueva semejante,
Ni con su propio parecer concuerdan
Las que creen absurdas conjeturas
De un espíritu audaz o delirante.
Su juicio, pusilánime, no avanza
A donde el ojo de aquel Genio alcanza...

Declaran imposible
Lo que, a despecho de su orgullo necio,
Sólo les fuera ignoto o inaccesible;
Y obstinándose en ver con más desprecio
Lo que menos entienden, el oído
Cierran a las razones de aquel hombre
Que—sabio o necio, loco o atrevido—
Puede acaso afectarles el renombre
Por su presunta ciencia conseguido...

Dos hombres, solamente,
De alto saber y penetrante juicio;
Que en silencioso, pobre monasterio,
Se dan humildemente

De la santa piedad al ejercicio,
Abren las puertas de su gran criterio
A las razones que Colón aduce,
Y no juzgan absurda la existencia
De la tierra gentil por que suspira
Y que, a través de un mar desconocido,
En sus profundos éxtasis trasluce.

Por vez primera, de placer respira
Al verse comprendido
De dos mortales cuya enhorabuena
Con efusión recibe anticipada:
Siente un consuelo en su infinita pena
Y la esperanza anima su mirada,
Viendo así alimentada
La constante ilusión que le enajena.
¡Bien eterno hayan Pérez y Marchena!

Del favor de los reyes en demanda
Para llevar a cabo sus empeños
Por disputar al tenebroso Atlante
El encantado mundo de sus sueños,
Cual pordiosero mísero, anda y anda
Cuanto más desairado más constante,
De nación en nación, de corte en corte.

¡Magnánima indigencia,
Que tanto más le agranda
Cuanto que lleva el bien común por norte
Y por oculta ley, la Providencia!
Superior, cada vez, a la desgracia
Que doquier implacable le persigue,
Ni de los reyes la actitud rehacia
Ni de los pueblos la irrisión insulsa,
Logran que se amortigüe
En su espíritu inmenso la ardentía
Del levantado anhelo que le impulsa,
De la luz misteriosa que le guía:
Antes fiel al benéfico destino

Que la alma Providencia le confía,
Ningún mortal, ninguno,
Ya insensato le llame, ya importuno,
Apartarle podrá de su camino...

No siempre tan sabidos
Los poderosos son, cuanto engreídos;
Y de entre aquellos reyes, nadie sabe
Atender a los ruegos repetidos
De aquel nauta errabundo
Que les pide una nave
Para darles en cambio... ¡todo un mundo!

Sólo el alma sublime
De Isabel—la piadosa soberana
Que con el brillo de su nombre imprime
Eterno brillo a la Corona hispana—
Sólo ella, sí, compenetrarse logra
De la titánica y benéfica obra
Que, por secreta inspiración de lo alto
Y para gloria del Poder divino,
Intenta aquel marino,
Rico de fe, si de recursos falto.

Secundando del Genio la alta idea,
Su alto apoyo le ofrece decidida;
Aunque para ello menester le sea
Empeñar aún la joya más querida.
Cúmplelo así aquella mujer magnánima
Y de su Dios y de su patria en nombre,
Al nauta explorador da los auxilios
Que tantas veces le negara el hombre...

¡Con qué íntimo alborozo, Colón besa
Aquella mano generosa y pía
De que se vale el cielo
Para ayudarle en su abnegada empresa!
Y ¡cuál, ardiendo en infinito anhelo,
Su vista, desde Palos, espacía

Sobre el undoso, espumeante velo
Que, receloso ya de su osadía,
Amenazándole envolver... se expande
Y se contrae, con feroz porfía!

Muy grande el peligro es...; ¡pero es más
El Dios en quien confía!
Y a Él levanta su férvida plegaria
Demandándole acierto y energía
Para vencer la furia aterradora
Y traspasar la inmensidad sombría
De aquella mar confusa y solitaria,
Y llevar su Doctrina redentora,
Abriendo así al Progreso nueva vía,
Al mundo ignoto que a buscar se lanza
En alas de su fe y de su esperanza.

¡Salve, Genio del mar, salve profundo
Nauta del pensamiento,
Que, colmando tu empeño sin segundo,
Mostrar supiste a todo el Viejo Mundo
De un Mundo Nuevo el virginal portento!

San Salvador: 12 de octubre de 1892.

A UNA MUJER

¡Hace apenas seis años...! ¡Dulcemente
Deslizarse sentías tu existencia,
Y en el límpido cielo de tu frente
Aún radiaban la dicha y la inocencia!

¡Hace apenas seis años...! ¡Todavía
Ignorabas del mundo los abrojos,
Y con todo el fervor de un alma pía
Hacia Dios elevábanse tus ojos!

¡Hace apenas seis años...! ¡Quién pudiera
Devolverte a aquella época dichosa,
En que, humilde ante ti, por vez primera
Admiré tu hermosura candorosa!

¡Ah...! Entonces vivías una vida
De ilusiones, de encantos y de flores;
Sin sentir, como ahora, el alma herida
Por el rudo aguijón de los dolores.

¡Inocente de todo, y engañada
Por la grata apariencia del destino,
No aguardabas rodar abandonada
Al furor del mundano torbellino!

Hoy te vuelvo a mirar... ¡Mas ya no tienes,
Como entonces, serena la conciencia,
Ni pueden, ay, tus macilentas sienes
La corona lucir de la inocencia...!

¡Hoy te vuelvo a mirar; cuando tu vida
No es más ya que una vida de tormento;
Cuando llevas el alma corroída
Por el cáncer de atroz remordimiento!

¡Desgraciada mujer! ¿Cómo olvidaste,
Por un goce fugaz, tu dicha entera,
Y, ante tu misma ruina, deshojaste
Las flores de tu hermosa primavera?

¿Dónde está la virtud que en otros días
Era a la vez tu mérito y tu encanto?
¿Por qué tus infantiles alegrías
Se han convertido en sufrimiento y llanto?

¡Todo acabó! Del vicio en la pendiente
Perdiste tu candor, tu bien perdiste,
Y tan sólo te queda, persistente,
La memoria vivaz de lo que fuiste.

Sí: embriagada del mundo al grato hechizo,
Poco a poco cediste a sus instancias,
Y, juzgándolo un nuevo paraíso,
Te dejaste llevar de nuevas ansias...

Sin pensar ya en tu honra, o sin creerte
Incitada a un cercano precipicio,
Ciegamente rodaste... ¡hasta perderte
En la agitada ciénaga del vicio!

¡Caíste...! y al sentir en lo profundo
La fiebre delirante de la orgía,
—¡Mío serás desde hoy!— dijiste al mundo,
Y el mundo respondió: —¡Sí, eres ya mía!—

¡Ay! Desde entonces, en infame pacto
Quedó tu vida al mal encadenada,
Y desde entonces todo a tu contacto
Se contagia, se amengua, se degrada.

Hoy, esclava del torpe sensualismo,
Llevas sobre la faz su sello inmundo
Y eres, por tu abandono y tu cinismo,
Vilipendio y escándalo del mundo.

Que el mismo mundo que los sacros broches
Que al deber te ajustaban dio a la ruina,
Hoy te escupe a la cara sus reproches,
Hoy, su culpa olvidando, te acrimina.

Abandonada a mísero quebranto,
Ves en él nada menos que un castigo;
¡Sin contar para alivio de tu llanto
Con el favor de un hijo o de un amigo!

Nadie, nadie se mueve a consolarte
Mientras los más en abatirte piensan;
¡Que aún los que ayer se honraban de admirarte,
Hoy de sólo mirarte se avergüenzan!

¡La indulgencia en tu auxilio no se empeña;
La sociedad te arroja de su seno;
Y hasta el más depravado se desdeña
De confundir su cieno con tu cieno!

Falta de fe, y sin nada que te abone
Contra el fallo común, que te condena,
Tampoco esperas, ¡ay!, quien te perdone
¡Cual perdonó Jesús a Magdalena!

En vano, de amargura estremecida,
Vas clamando ¡favor! de puerta en puerta:
¡Para quien lleva la deshonra unida
Ninguna puerta honrada se halla abierta!

Y en lugar del albergue compasivo
Que tu clamor tristísimo demanda,
Te desprecian doquier con ceño altivo
Y doquier te repiten: —¡Anda, anda!—

¡Desolada mujer! ¡Alza la frente
De ese fango en que arrastras tu existencia!
Para el bien nunca es tarde: ¡haz firmemente
Por reparar tu honra y tu conciencia!

¡Vuelve al cielo tus ya lánguidos ojos,
Cual lo hacías allá en tu edad primera!
¡Busca a Dios! y, postrándote de hinojos,
¡Implora su perdón!— "¡Ora, y espera!"

San Salvador.

JUAN RAMÓN MOLINA

Nació en Comayagüela en 1875. Es hijo de don Federico Molina y de doña Juana de Molina.

Comenzó sus estudios en Tegucigalpa, y en 1888 se dirigió a Guatemala, donde se graduó en Ciencias y Letras.

Permaneció algún tiempo en Quezaltenango, donde fue redactor de El Bien Público.

Volvió en seguida a Guatemala a seguir sus estudios de Derecho, los que luego dejó para regresar a Honduras.

En este país fue durante algún tiempo Subsecretario de Estado en el Despacho de Fomento. Después que renunció este cargo, fundó el periódico El Cronista.

En la actualidad (1899) es Director del Diario de Honduras, periódico en que se fundieron El Cronista y El Diario.

EL ÁGUILA

Y el águila exclamó con voz terrible:
—En una cuenca informe
Nací, en esta montaña inaccesible,
Que fue tal vez la enorme
Atalaya de rocas de granito
Que a una raza de cíclopes sirviera,
Para explorar con su pupila fiera
La vacua inmensidad de lo infinito.

Un pálido crepúsculo
—Tímido heraldo del glorioso día—
Envolvió suavemente la nidada,
Donde mi vieja madre aletargada
Con su robusto cuerpo me cubría.

Saqué, llena de anhelos,
De bajo el ala tibia y protectora
La cabeza. En los cielos
Donde quedaban en la sombra rastros,
Iba apagando la rosada aurora
Las temblorosas luces de los astros
Con su soplo sutil. En ese instante
Surgió, tras la muralla de los montes,
El nuevo sol, magnífico y radiante:
Mientras que los corceles de la noche,
Huyendo por los claros horizontes,
Desbocados e inciertos,
En el profundo foso del vacío,
Heridos por mil flechas inflamadas,
Se desplomaron muertos.

Mi madre, al despertar, abrió las alas
A una cresta bravía,
Y ahí, posada en ademán soberbio,
Contempló con el ojo dilatado
Aquel sol que subía
Como un globo de púrpura incendiado.

A las grandes alturas
Después tendió su vuelo,
Cruzando sobre valles y llanuras,
Siguiendo la enriscada cordillera
Hasta perderse en el confín. Llegaba
El sol a la mitad de su carrera,
Cuando volvió a su nido de ramajes
Con un níveo cordero hecho pedazos,
Dando gritos salvajes,
Sacudiendo aletazos.

Luego crecí, volé con pocas fuerzas
A las rocas cercanas;
Después, valor cobrando,
Volé a las yermas cúspides lejanas
Que coronan gritando
Las venerables águilas ancianas.
Y hoy, ya lanzada sin temor al viento,
Trazo en él espirales,
Y puedo en un momento
Subir a las regiones celestiales;
Y tiene tal audacia y tal aliento
Mi poderoso vuelo vagabundo,
Que, si quisiera un día,
Sin detenerse a descansar podría
Darle la vuelta al mundo.

Mi aspecto es muy altivo:
El moño de mi testa se asemeja
Al penacho guerrero
De un noble paladín. Un ojo vivo
Y grande, bajo el arco de mi ceja
Se hunde lleno de luz. De fino acero
Y con forma de gancho,
Es mi terrible pico,
Firme y cortante, poderoso y ancho.

Mi cabeza marcial que el aire peina

Es redonda, pequeña y bien formada,
Me ciñe el cuello, cual si fuera reina,
Magnífico collar. Mis alas rudas,
Son dos alas tremantes
De plumas puntiagudas,
Compactas y brillantes,
Que después de cubrir el atrevido
Pecho que tengo, bajarán más breves
A resguardar mi torso que se ha hundido
En todas las entrañas y las nieves.

Son ásperos mis dedos. Y las uñas,
Con que a la piel del que vencí me aferro,
Son hechas con el hierro
De las cotas y lanzas. Es leonado
Mi espléndido color, mi ademán noble,
Y me palpita un corazón osado
En un cuerpo más sólido que un roble.

La mirada del lince no es más fina
Que la que amenazante
Echo sobre reptiles y cuadrúpedos
Desde la cima del cenit radiante,
Coronado de rayos.

Si me poso
Al borde de un peñón hendido a tajo,
Y una invisible mano arranca al monte
Una roca de cuajo
Lanzándola al abismo, pongo atento
Oído al rumor hondo,
Y recojo el estrépito violento
Que sube retumbando desde el fondo.

Después que atisbo a la confiada víctima
Que en el llano o el árbol me provoca,
Pliego el ala de súbito,
Y más veloz que el rayo fulminante
Caigo sobre ella, de la rabia loca,

Hundiéndole las uñas.
Aunque luche
Por escaparse con esfuerzos vivos,
Vencida y desmayada,
Queda bajo mis dedos convulsivos
Sujeta contra el suelo.

La cabeza
Con una garra sola
Le oprimo con tesón.

Abro las alas,
Y apoyada en la base de mi cola
Gozo escuchando el estertor.

El ojo,
Que la luz del espacio recogía,
Se vuelve turbio y rojo
Al bañárseme en sangre.

El pico abierto,
Mientras dilatada la hórrida agonía,
Dejo salir mi lengua palpitante,
Semejando una rígida tenaza
Que la hoja deslumbrante
Saca del fuego de la roja hornaza.

¡Nada me arredra!

Si el destino adverso
Me depara un encuentro peligroso
Con una bestia montaraz y fiera,
Hasta que me alzo victoriosa al cielo
Llevándola en mis garras prisionera.

Al ígneo sol, a él mismo,
Lo miré arrebujarse entre su manto,
Pálido ya de espanto.
Huí entonces del abismo

Ensordecido por aquella guerra,
Como por el rumor estrepitoso
De una inmensa catástrofe...
La tierra
Tiritaba de pánico y de frío.
Y envuelta en la vorágine
De un gran viento bravío
Que a su paso tronchaba
De las selvas los árboles gigantes,
Llegué a amparar mi tímido polluelo
En tanto que la sierra vacilaba
Sobre su eterna base de diamantes
Bajo la inmensa cólera del cielo.

Pero si la borrasca me echa al nido
Y ante su empuje cedo,
¿Quién otro me ha infundido
El vergonzoso miedo?
El mar que a la ribera
Sujetan con amarras,
Ocultas, ciegos e inmutables leyes,
No ha intimidado mi arrogancia fiera
Al azotarme con furor las garras
Clavadas al peñón. La cruel pantera,
Desde su bosque de bambúes frágil,
En vano ruge para mí. Y el tigre
Manchado, aleve y ágil,
Nunca hundirá sus aceradas uñas
En mis carnes. El rudo
Rinoceronte de pesados miembros,
De groseras pezuñas
Y cuerno poderoso,
No puede echarse sobre mí. Ni el oso,
Ni el león melenudo,
El rey de los mamíferos feroces,
Que asorda con el trueno de sus roncas
Y prolongadas voces
El bosque virgen y las cuevas broncas.
Sí, ellos rugen, yo grito;

Si ellos guardan la selva, yo los montes
De entrañas de granito,
Los vastos horizontes,
El grandioso infinito.
Si un áspero pelaje
Les envuelve la piel, y con furioso
Ademán mueven la melena hirsuta,
Yo tengo mi plumaje
Y mi penacho airoso.
No les envidio la apartada gruta
Que tienen en los bosques seculares,
Ni sus garras retráctiles,
Ni sus robustos flancos,
Ni sus recios y elásticos hijares,
Ni los sutiles trancos,
Ni los hijuelos, ni su joven hembra
Que al vagar por cañadas y por cauces,
Ebria de amor, las fauces
Abre gimiendo y el espanto siembra.
Porque en las altas rocas escabrosas
Un nido tengo. Porque son mis garras
Como las de ellos; y al costado mío
Jamás hundirse pudo
La envenenada punta de los dardos,
Como si fuera un resistente escudo.
Porque si tienen círculos de dientes,
Yo tengo un pico corvo y acerado
En que han agonizado
Retorciéndose en vano mil serpientes.

Y en cambio, ¿quién ostenta
Esta movible cauda,
Este firme timón en que confío
Para lanzarme al piélago bravío
De la oscura tormenta?
¿Quién tiene el ala más potente y rauda
Que el ala que yo pongo en movimiento
Para cruzar el viento,
Para azotar la gigantesca tromba

Que como cono hacia los cielos sube
Del irritado abismo de los mares,
Como si Dios, oculto en una nube,
Tirara de la red de grandes olas
Donde se agitan monstruos a millares?
¿Quién tiene esta pupila irresistible...?

Que al espacio sin límites se tiende
Fulgurante y terrible,
Que es igual a una llama,
Si la salvaje cólera la enciende
O si el amor la inflama:
Que percibe, al cernerse al mediodía
Bajo los cielos altos,
El vaivén de una rama,
El corderillo en la florida loma,
De la liebre los saltos
Y el volar de una cándida paloma:
Que en la serena noche despejada,
De estrellas rutilantes coronada,
Miro brillar a Marte
En el fondo del claro firmamento
Como si fuera un ojo
Fijo, enorme y sangriento?

Jove, que fue el señor de la ancha esfera,
Me destinó, en decretos inmortales,
A ser su mensajera,
A conducir los rayos celestiales.
Y al quedar para siempre desolado
Su hermoso cielo, de esplendores lleno,
Al extinguirse en el azul sagrado
La alegre carcajada de los dioses
Y el olímpico trueno,
Triste vagué en el clamoroso espacio
Por misteriosas fuerzas sacudido,
Y fui a formar mi inaccesible nido
Más allá de las cúspides del Lacio.
Yo de la humanidad civilizada

Miré el día primero
Deslizarse tranquilo,
Y he conocido el báculo de Homero
Y la calva de Esquilo.
Yo soy hermana de los genios. Ellos,
Con su numen ardiente,
Vuelan también a la región del cielo
A libar con anhelo
En la copa del éter transparente
De la alma luz.
Yo soy el ave noble,
El ave de la gloria,
Que los guerreros rudos
Conducen como nuncio de victoria.
Yo estoy en los escudos
Donde se embotan las espadas fieras,
En los cascos de bronce,
En las sacras banderas.

Yo soy la reina de las aves. Todas,
Desde aquella que entona sus cantares
En la verde arboleda,
Hasta el petrel que sin temores rueda
Sobre el lomo encrespado de los mares,
Del huracán bajo la cruda saña,
Sujétanse a mi inmenso poderío:
Mi trono es la montaña
Y mi reino el vacío.
Yo soy emblema del valor. ¿Quién puede
Intimidarme alguna vez? ¿Qué obstáculo
Ante mi vuelo triunfador no cede?
¡Nadie mi libre voluntad sujeta!
El hombre, ese verdugo,
Que dice ser el dueño del planeta,
¡No me ha impuesto su yugo!
¿Qué leyes obedezco? ¿Qué ominoso
Poder mis fieros ímpetus dirige?
En la tierra y el mar, ¿quién más pujante?
Ni el que los orbes inflamados rige

Con su cetro gigante
Puede causar al águila un desmayo.
No puede ni Dios mismo...

Calló el ave blasfema...
En ese instante
Un indignado y repentino rayo,
Hecha cadáver, la arrojó al abismo
En espantosa rotación. El trueno,
De pavorosas amenazas lleno,
Bramó desde el confín del horizonte:
¡Y un negro nubarrón que descendía,
Una lágrima fría
vertió sobre la cúspide del monte!

SONETOS

AL SOL

¿Quién alimenta tu hervorosa hoguera
Que así, siempre fecundo y encendido,
Has alumbrado el tiempo que ha vivido,
Como un minuto, la terrestre esfera?

¿Qué fuerza rige la inmortal carrera
Con que vas a un poder desconocido,
A la atracción universal ceñido,
Como si centro de tu centro fuera?

Dios, que los astros vívidos derrama,
Cuando se acerque tu postrero día,
Apagará esa luz que nos inflama;

Y una pavesa, vagabunda y fría,
Serás, ya muerta tu esplendente llama,
En la callada inmensidad sombría.

LA MUERTE DEL LEÓN

Agoniza el león. La ardiente arena
Es el lecho mortuorio. El sol desciende.
Una bandada de milanos hiende
A lo lejos la atmósfera serena.

El coloso sacude la melena
Sobre el robusto cuello, y luego tiende
Por el rojizo espacio que se extiende
Una mirada de amargura llena.

Cae su enorme cabeza. Después, trémulo,
Entre las zarpas ásperas la oprime
Y a los impulsos del dolor se estira...

Lanza un rugido dilatado, émulo
De los fragosos truenos, y sublime,
Frente al incendio de la tarde, expira.

LA CAÍDA DE LUZBEL

Rodó cuarenta siglos el maldito
En la espantosa noche de la nada,
Sin levantar la frente quebrantada
Ni arrepentirse de su gran delito.

Caía por el lóbrego infinito,
Por la siniestra inmensidad callada,
Buscando con fosfórica mirada
Algún picacho el trágico proscrito.

Lo halló por fin, y se detuvo. Arriba
Estaban Dios y su estrellado piélago...
Rióse Luzbel, lanzándole saliva...

¡Cae! dijo una voz. ¿No estás conforme?
Y agitando sus alas de murciélago,
Se hundió otra vez en el abismo enorme.

VINO TINTO

No penséis que las uvas generosas
Dan este vino, cuyas rojas huellas
Tiñen los frescos labios de las bellas
Con el múrice ardiente de las rosas.

El licor que estas copas luminosas
Contienen, irradiando como estrellas,
Y que vaciado habéis de las botellas,
Lo guardaron las hadas misteriosas.

Es la sangre de todas las beldades,
Víctimas del acero y su destino
En las guerras sin fin de otras edades.

No extrañéis que, al pensar en sus despojos,
Cuando se suba a mi cabeza el vino,
Viertan alguna lágrima mis ojos.

LA OLA VIENDO EL MAR

Ora dormida en la extensión serena
Del polífono mar que el orto dora,
Parece a veces que a lo lejos llora
O que canta cual pérfida sirena.

Inquieta luego, de temblores llena,
Se enarca como sierpe silbadora,
O, apagándose, rueda arrulladora
Con un suave susurro de colmena.

Otra vez surge con furor insano,
Llevando en sus entrañas escondida
La amarga bilis del revuelto océano;

Y de pronto, en un vértigo violento,
Estalla en la ribera, sacudida
Por el fuete de ráfagas del viento.

LA SELVA

En medio de la gran naturaleza
La selva tropical mueve sus ramas,
Como verdes y hojosas oriflamas,
Insignias de su rústica grandeza.

Los árboles del bosque la cabeza
Doblan sobre las ásperas retamas,
Y ciñe el cuerpo elástico de escamas
La perezosa sierpe a la corteza.

El sol incendia el suelo, y el bochorno
Cuélase entre los troncos y zarzales
Como el aliento cálido de un horno...

Duermen las aves de irisadas plumas,
Y cruzan los tupidos carrizales
Ágiles tigres y ligeros pumas.

EL JARDÍN

Cuelgan racimos de rosadas pomas,
Negras uvas en gajos tentadores,
Fingiendo los alegres surtidores
Un murmullo de besos y de bromas.

Dormitan en las ramas las palomas,
Los buches esponjando arrulladores,

Y el odorífero aliento de las flores
Unge los troncos y el parral de aromas.

Un sol ardiente esparce sus madejas
De luz sobre el jardín; y las abejas
Un vals susurran áspero y sonoro.

Bailan las mariposas deslumbrantes,
Y perforan los pájaros brillantes
Dulces naranjas de corteza de oro.

NERÓN

Arden en los jardines opulentos
Como antorchas los mártires cristianos,
Aplauden los serviles cortesanos,
Ebrios de sangre y de licor sedientos.

Hinchan las flautas los nocturnos vientos,
Alzan las copas de marfil las manos,
Baña la luz los pórticos cercanos,
Óyense carcajadas y lamentos.

Bajo un dosel asiático tendido
Mira Nerón, de púrpura vestido,
La festival esplendorosa y fiera;

Y, arrojando bostezos desdeñosos,
Pasa los dedos finos y nerviosos
Sobre la rubia piel de su pantera.

LA FRAGUA

Exhala el fuelle roncos resoplidos:
Salta el carbón en la caverna oscura,
La roja llama trémula fulgura
Sobre los muros en hollín teñidos.

Los dedos, por el uso encallecidos,
Manejan luego la tenaza dura,
Que, sobre el yunque sólido, asegura
Los hierros al calor enrojecidos.

Los cíclopes, obreros incansables,
En alto ponen los velludos brazos
De musculosos bíceps admirables...

Rápidos bajan los enormes mazos,
Al choque surgen quejas formidables
Y una explosión de fúlgidos chispazos.

ANTE EL ESPEJO

Te acercas al espejo fulgurante
Y miras, con orgullo femenino,
De tu perfil el lineamiento fino
Dibujarse en la luna deslumbrante.

Tornas de frente el mágico semblante
Contemplando tu cuello alabastrino,
Tus grandes ojos de un azul marino
Y tu boca encendida y palpitante.

Después, al ver el licencioso escote
Que mal contiene el adorable brote
De tu albo seno entre el corpiño preso,

Te abandonas a extraña somnolencia,
Y estampas, en tu lúbrica demencia,
Sobre tu boca reflejada, un beso.

A UNA VIRGEN

Yo adoro tus dos trenzas, magníficas y oscuras,
Tu frente sin mancilla donde el pesar se ve,
Tus grandes ojos tristes, poblados de ternuras,
Que con mis labios trémulos y ardientes cerraré.

Tus pálidas mejillas de níveas alburas,
Tu boca en cuyo aliento la gloria beberé,
Tu cuello, que envidiaran las vírgenes más puras,
Tus hombros y tu talle, tus manos y tu pie.

Amo también tu espíritu frágil y visionario,
Frágil y visionario, dulce y extraordinario,
Que se encarnó en tus formas tranquilas de vestal;

Y llegaré a tus brazos, a mi pasión abiertos,
Como las naves llegan a los ansiados puertos,
Venciendo los escollos del piélago fatal.

DESPUÉS QUE MUERA

Tal vez moriré joven... Los amigos
Me vestirán de negro,
Y entre dolientes y llorosos cirios
De pálidos reflejos,
Colocarán con cuidadosas manos
Mi ya rígido cuerpo,
Poniendo mi cabeza en la almohada,
Mis manos sobre el pecho.

Una lágrima fría, más amarga
Que una gota de ajenjo,
Correrá de mis párpados inmóviles,
Mi rostro humedeciendo,
Hasta perderse entre mis labios lívidos,
Entre mis labios yertos,

Contraídos por mi última sonrisa,
Mi sonrisa de muerto.

En la vecina y bulliciosa estancia,
Mis amigos bebiendo,
Con juvenil franqueza y desenfado
Harán de mí recuerdos:
—Fue un soñador... ¡Qué lástima! ¡Tan joven!
—¡Parece mentira esto!
—Ayer no más hablaba con nosotros
De amores y de versos.

Ya colocado entre la estrecha cárcel
Del ataúd modesto,
La tapa clavará con su martillo
Un rudo carpintero.
Después, los seis amigos que me quieran
Con más íntimo afecto,
Me llevarán sobre sus fuertes hombros
Al triste cementerio.

En una huesa lúgubre y profunda,
En un hoyo siniestro,
Colocarán, para arrojarle tierra,
El imponente féretro.
Enterrado seré... La comitiva,
"Descanse en paz" diciendo,
Me dejará, me dejará muy solo,
En brazos del misterio.

Los días correrán, y lentamente
Se han de podrir mis miembros,
Y he de ser, por la ley de la materia,
Un puñado de cieno.
Mas entre esos despojos miserables,
Entre ese lodo infecto,

Germinará, oh, vida de mi muerte,
¡Mi amor almo y eterno!

No llenará la cuenca de mi cráneo
La masa del cerebro,
Para mandarte al mundo donde vivas
Dichosa, un pensamiento;
Ni el corazón palpitará como antes
En mi podrido pecho,
Para quererte con amor mundano
De la tumba en el seno.

Pero cada molécula, cada átomo
De mis informes restos,
Y cada ser que la existencia deba
A mi ser descompuesto,
Ha de llevar en su interior un poco
De este inmortal afecto,
Algo que te recuerde entre los vivos
Al olvidado muerto.

Verás una sombría mariposa,
En las noches de invierno,
Entrar por las ventanas de tu alcoba
A esconderse en tu lecho,
Revoloteando allí... Seré yo mismo
Convertido en insecto,
Que llegaré del viejo camposanto
A cubrirte de besos.

Y si vaga tu espíritu en los limbos
Del éxtasis supremo,
Oirás entre las sombras de tu estancia
Armonioso aleteo,
Seráfico rumor... Será mi alma
Que, desde el alto cielo,
Llega al triste planeta de los hombres
Para velar tu sueño.

Después, cuando tú mueras, una noche
De calma y de silencio,
Arrojaré con las huesosas manos

La tierra de mi féretro;
Y a la luz de un doliente plenilunio
Contemplarán los muertos,
Con los brazos en cruz y de rodillas,
¡Orando un esqueleto!

LA HORA FINAL

¡Ha de llegar, al fin, pobres mortales!
Siglos y siglos, los lucientes astros
Disparados por su órbita sublime
Giran y giran. Un destino ciego
Que los gobierna con seguras leyes
Traza los derroteros que recorren;
Mas el Tiempo, con ojo vigilante,
Vela entre las tinieblas del abismo
Marcándoles un término. Los mundos
Saltan de sus cimientos, desprendidos
En espantosa rotación, y ruedan,
Ruedan como pedruscos gigantescos
Por la terrible inmensidad sin fondo
Hasta romperse en bólidos errantes.

También la Tierra, este planeta opaco,
Tendrá su hora final. No eternamente
Ha de vivir, trazando sus elipses,
Como ha vivido y vive en estos días
Indiferente y sin temor. ¡Muy pronto
Su infausto turno llegará! Los hombres
Lo presentimos en la horrible duda
Que nos devora el corazón, ya muerto
Para el Dios y la fe de nuestros padres.

La voz de esas confusas muchedumbres
Que mata el hambre, las dolientes quejas
De millones de siervos desgraciados,
Las injusticias, crímenes y vicios,
La sed del oro, el egoísmo torpe,

Los ciegos apetitos de la carne,
Han de formar por fin un alegato
Para que Dios, desde su trono, dicte
Una fatal y trágica sentencia.

¡Ha de llegar, oh, míseros mortales,
La hora terrible al fin! Desde el insecto,
Hasta el águila altiva que se cierne
Con majestuoso vuelo en las alturas
Donde habla el ronco trueno; desde el hombre
Que vive en las ciudades populosas
Llenas de orgullo y esplendor y vida,
Hasta la fiera montaraz e hirsuta
Que ruge en las cavernas de los bosques,
Han de morir al mismo tiempo.
Lava,
Y fuego, y sangre, y pestes, y granizo,
Sobre la Tierra mandará el Eterno
Ardiendo en justa, incontrastable cólera.
Y volcarán los mares; y los montes,
Sacudidos por recio terremoto,
El equilibrio han de perder. La yerba,
Y la mies y la flor, y los robustos
Árboles, y la choza, y el palacio,
Como pavesas arderán.

Y el mundo,
Este mundo de esclavos y de reyes,
Donde el hermano asesinó al hermano
Con el traidor puñal, donde los hijos
Mataron a las madres infelices
Que les dieron el ser, donde la infamia
Fue más fuerte que todas las virtudes,
Ha de salir de su órbita, lanzado
Como una piedra que dispara la honda
De los guerreros bárbaros, y loco
Rodará por los siglos de los siglos,
Rompiendo los abismos insondables,
¡Hasta que estalle en explosión grandiosa!

FROYLÁN TURCIOS

Nació en Juticalpa, Olancho, el 7 de julio de 1875.

Fueron sus padres don Froilán Turcios y doña Trinidad Canelas de Turcios.

Cursó en el Instituto Nacional de Tegucigalpa hasta el quinto curso del Bachillerato, privándose por varias circunstancias de continuar sus estudios.

Aunque desde muy niño empezó a escribir versos, quemó los cuadernos que de éstos había escrito; y hasta el año de 1892 comenzó a publicar sus trabajos, la mayor parte de los cuales han sido reproducidos por la prensa hispanoamericana.

Ha sido Director y Redactor de El Pensamiento, revista literaria que vivió dos años y que suspendió con motivo de su viaje a Guatemala, en donde redactó El Álbum, folleto de literatura que tuvo escasa existencia. Ha redactado, además, La Juventud Hondureña, El Heraldo, El Ferrocarril y La Revista.

Es socio corresponsal de El Ateneo Nicaragüense y La Juventud Salvadoreña; y corresponsal de varias revistas y periódicos extranjeros. Ha publicado dos libros de prosa y verso: Mariposas, premiado en la Exposición de Guatemala en 1897; y Renglones, editado en enero de 1899.

En agosto de 1895 fue nombrado Secretario de la Legación de Honduras en Costa Rica, que el Gobierno encargó al señor General don Terencio Sierra, actual Presidente de la República.

Por último, a su regreso de Guatemala en julio de 1897, fue nombrado Subsecretario de Estado en el Despacho de Gobernación; cargo que aún ejerce (1900), habiendo estado en varias ocasiones encargado de dicho Ministerio.

Las poesías del señor Turcios que figuran en este libro son inéditas, con excepción de las tituladas Ligeia, De un poema, Versos de amor, Flor de tristeza y Virgen del cielo.

BELKIIS

I

Arde en tu sangre el fuego de una pasión aleve.
La viña de tu seno será de Salomón.
Él comerá las uvas, las dos uvas de nieve,
Y llenará de lágrimas tu pobre corazón.

De la plateada noche en el silencio leve
Tuvo lugar la dulce y ardiente posesión.
Tu carne de azucenas causó un placer muy breve
Al gran rey lujurioso que fuera tu ilusión.

Víctima de un recuerdo, ni sueñas ni sonríes,
Están secos y tristes tus labios carmesíes
Y de tu voz no se oye el cántico sonoro.

Las hojas de la cinza no apagaron tu fuego.
Zophesamín lo dijo: tu espíritu era ciego.
De nada te sirvieron las cinco llaves de oro.

II

Nastosénen te trajo de los países floridos
En conchas de tortugas los tesoros del mar:
Lyncurios que parecen carbunclos encendidos
Y cerannias que absorben la blanca luz solar.

Sólo el anacámpsero que turbó tus sentidos,
Tus tesoros espléndidos te obligó a abandonar,
Ónices de la Arabia, brillantes escogidos,
Que cansaron tus ojos con su eterno brillar.

Pero el arca de ensueño tu corazón no alegra,
Ni la blanca bucardia con su pupila negra,
Ni las hojas de balis que resucitan muertos.

Te persigue una imagen, un acento te nombra.
Tus senos son dos tiendas a cuya dulce sombra
Los ojos de tu amado se dormirán abiertos.

III

No morirás intacta. La lujuria te muerde.
Son sus flores rojizas. Tu cuerpo es un rosal.
En un abismo trágico tu corazón se pierde,
En el profundo abismo de la pasión carnal.

Parece que abrevaras tus ansias en el verde
Licor de los absintios, presa de un negro mal,
O que tu alma de niño con júbilo recuerde
El mordisco primero de la rabia sexual.

El lago de la Demencia, con sus ignotos piélagos,
Con sus serpientes blancas, con sus negros murciélagos,
No contuvo tus locos deseos turbulentos.

Te llevó al regio lecho un camino de lirios,
Y al regresar, miraron tus amargos martirios
Una senda sembrada de pétalos sangrientos.

IV

El grave viejo sabio te dio un noble consejo.
Sé casta, y serás bella. La pureza es feliz.
La madre de la virgen no conserva un reflejo,
Y la flor ya cortada da un pálido matiz.

De la inocencia intacta es el pudor bosquejo,
Arranca tus impuros deseos de raíz.
Oye la frase triste, la frase del buen viejo.
No abandones tu patria, pobrecita Belkiis.

¡Y estabas ya curada! Más te hubiera valido
Vivir una existencia de castidad y olvido,
Que entregarte al infierno de las llamas sensuales.

Ya no brilla tu lámpara. Tu jardín es un yermo,
Y reina en los abismos de tu espíritu enfermo
El solemne silencio de los túmulos reales.

LIGEIA

¡Qué imágenes tan crueles asaltan el cerebro
Leyendo las estrofas del legendario Poe!
Surgen del ritmo de oro los símbolos ideales
Como un grato perfume del cáliz de las flores.

¡Qué de fantasmas tristes, qué de espectrales sombras,
Y qué de enigmas raros en confusión enorme
Cubren brumosamente las páginas del genio
Con un frío sudario de trémulos crespones!

Hay en la caravana de sus hermosas, una
Inspiración divina de un prodigioso poema.
Es una joven casta que al rayo de la luna
Pasa llorando amores ¡oh pálida Ligeia!

Es dulce y visionaria y amada de la Muerte,
Sus ojos miran tristes a una lejana estrella,
Y en la expresión seráfica de su sonrisa inerte
Se ven vagas nostalgias de una ternura angélica.

Sonámbula perdida en el confín del cielo,
Cubierta con los róseos jirones del crepúsculo,
Te he visto pasar lánguida como una flor de duelo,
De mis tristezas hondas por el abismo oscuro.

Tú adoras, dulce diosa, la blanda melodía
Que se oye de los bosques entre el rumor nocturno,
Y yo la suave música de ideal melancolía
Que vaga en el misterio de un suave plenilunio.

Yo te amo por la aureola de fúnebre martirio
Que brilla castamente sobre tu sien gloriosa,
Porque tu níveo cuello—más pálido que un lirio—
Hacia el sepulcro negro con languidez se dobla.

¡Te amo porque eres ángel, visión de un imposible,
Ensueño del espíritu que se extinguió en un alba!

Reinas sobre los poetas porque eres intangible,
Símbolo hermoso y triste de un gran pesar sin lágrimas.

1898.

VERSOS DE AMOR

Bajo las grandes naves del templo solitario,
Al resplandor confuso del triste lampadario
Leía algunas páginas de su devocionario.

Estaba de rodillas ante el altar simbólico,
Y había en su semblante, severo y melancólico,
El misticismo vago de un fervor apostólico.

Sus manos delicadas, de un mármol florentino,
Su busto modelado por un cincel divino,
Le daban un encanto celeste y peregrino.

Ni a pronunciar su nombre mi casto amor se atreve,
Viéndola allí tan pura, tan pálida y tan leve,
Como un ángel dormido, como una flor de nieve.

Por las altas ventanas una luz indecisa
Penetraba en el templo como suave sonrisa:
De la tarde de invierno es la luz moribunda
Que vagaba en el viento como alma errabunda.

Las imágenes blancas en sus nichos dorados
No tenían los rayos de sus ojos amados,
Ni su frente de lirio, ni sus labios rosados.

Esas vírgenes santas de enfermiza blancura,
No poseían su leve, luminosa hermosura,
Ni el perfume amoroso de su casta figura.

Pronuncié con voz queda mi ferviente plegaria:
"¡Oh niña de mis sueños, dulce y extraordinaria,
Tú eres la fe sincera de mi alma solitaria!

Tus manos son mis hostias y es el sagrado vino
Con que mi amor oficia, ese licor divino
Que deleita mi boca cuando tu boca sella.

¡Te adoro por ardiente, por lánguida y por bella,
Porque seduce a mi alma tu palidez de estrella!".

NOSTALGIA

Iba cruzando por el vasto cielo,
Rodeada de una aureola de amaranto,
La blanca luna con su faz de duelo
Y su tristeza de indecible encanto.

En el fondo de mi alma el desconsuelo
Ritmó un poema de amor y de quebranto.
Y mi recuerdo con doliente anhelo
Me llevó al solitario camposanto.

Allí, bajo un ropaje de verdura,
Duerme la triste y lánguida hermosura
Que mi angustiado corazón adora;

La pálida mujer que en mi poesía
Es una leve, errante melodía,
Una trémula sombra encantadora.

FLOR DE TRISTEZA

Me gusta ver los cielos estrellados
En las cálidas noches del estío,
Y en la hora del crepúsculo sombrío
Mirar los horizontes incendiados.

Me entristecen los cánticos sagrados
Y el cruel misterio del sepulcro frío,
Y entre las garras del supremo hastío
Sollozan mis ideales ignorados.

Cuando llega hasta mi alma la amargura
De las hondas tristezas incurables
Y me agobia el cansancio de la vida,

Como un consuelo evoco tu figura,
El fulgor de tus ojos adorables
Y el suave encanto de tu voz querida.

DE UN POEMA

Sobre las ondas negras, en la noche fantástica,
Yo desafié las iras del vértigo del mar,
De pie sobre la popa de un bajel formidable,
Oyendo a mis espaldas rugir el huracán.

El rayo enarbolaba su látigo de fuego,
Hiriendo las tinieblas su lívido esplendor,
Y del profundo abismo de la mar cavernosa
Salía un gran lamento de terrible dolor.

Sin jarcias ni velamen, crujiendo sordamente,
Iba sobre las ondas el negro bergantín,
Como un fantasma extraño, como un espectro enorme,
Como algo que no tiene ni sol ni porvenir.

Del horizonte oscuro llegaban los gemidos
De los vientos coléricos que venían del sur...
Y de los altos cielos miré que descendía
Sobre la mar vibrante una pálida luz.

Y que las olas turbias sujetaron sus iras
Y los vientos helados su tremendo clamor,

Mientras el hosco cielo desgarraba sus lutos
Y del abismo líquido callaba el corazón.

Y en la calma serena, bajo los tristes astros,
Sintiendo que en mi espíritu rugía el huracán,
Me burlé de los vientos, me burlé de la noche,
De las olas enormes y del alma del mar.

1899.

ACUARELA

Se ve temblar el alma de la tarde sonora,
La gran arpa del viento pone un triste clamor
En el bosque de palmas que alza sus pabellones,
Saludando el incendio magnífico del sol.

Los negros abanicos que mecieron las brisas
En la cálida atmósfera se agitan sin cesar,
Y de los misteriosos, lejanos horizontes
Vienen fuertes lamentos como de un ronco mar.

Las nubes escarlatas que cruzan el ocaso
Son sangrientas espadas en un campo de azur,
Y los pálidos oros de los lampos errantes
Semejan cabelleras empapadas de luz.

Las músicas vibrantes que salen de las frondas
Esparcen en los aires sus ritmos de pasión;
Como sierpes de plata cruzan los hondos valles
Encajes de neblinas de un sereno vapor.

Bajo el brillante cielo de la tarde del trópico,
Como manchas de nieve, con lento revolar,
Bandadas de palomas en curvas caprichosas
Pasan sobre las ramas del vasto palmeral.

Las luces del crepúsculo van dorando las cumbres;
La sangre del ocaso se empieza a disolver,
En una mancha tenue de lilas y violetas
Y rosas mortecinas de un suave rosicler.

Con grandes cortinajes los lutos de la noche
Cubrieron a lo lejos la triste inmensidad,
Y tras de la redonda colina de esmeraldas
Brilló el primer relámpago del reflejo lunar.

Tras del último monte su corola encendida,
El astro moribundo de improviso ocultó,
Borrándose el paisaje de lívidos matices
Como al soplo potente de un enorme pulmón.

Y entre el silencio vago de la noche estrellada,
De todos los horizontes llegó un sordo clamor,
Que era un conjunto extraño de todas las armonías,
Y que tenía el gemido de amor de un corazón.

1900.

VIRGEN DEL CIELO

Murió cuando las lluvias tempraneras
Hicieron florecer las clavellinas,
Y en su vuelo las pardas golondrinas
Buscaron el calor de otras riberas.

Ya no verá las dulces primaveras
Coronar de verdura las colinas,
Ni entre sus manos, diáfanas y finas,
El violín rojo llorará quimeras.

Murió cuando la tarde moribunda
Su última luz doliente y errabunda
Hizo brillar colmada de misterio.

204

Crece en su tumba que la yedra viste,
Emblema de su espíritu tan triste,
Una pálida flor de cementerio.

ALBA

Te vi en el baile tan divina y leve,
—Mignón, Ofelia blanca y silenciosa—
Tan pura, tan ideal, tan luminosa,
Que te juzgué un ensueño casto y breve.

Eras un lirio de impecable nieve,
Envuelto en blondas de color de rosa,
La realidad de una ilusión hermosa
Que el corazón y los sentidos mueve.

Tu seno de jazmines ondulaba
Con dulce movimiento; y te miraba
De mi palabra y mi pasión cautiva...

Me dijiste muy quedo: "Amo a los poetas",
Y una tenue fragancia de violetas
Acarició mi frente pensativa.

VUELO DE PALOMAS

Bajo el palio de luz de la tarde,
En un límpido cielo violeta,
Vi cruzar las palomas de nieve.
El rumor de sus alas de seda
Se pendía en el viento sonoro.
¿No serán errabundas teorías,
Almas blancas de vírgenes muertas
Que en la atmósfera tibia se ciernen...?

Y pensé en la doliente tristeza
De las que aman el negro sepulcro;
En las hondas, violadas ojeras,
En los cuellos que agita el sollozo,
En las diáfanas manos de cera
Que, como hostias de carne impecable,
Hacia el lóbrego cielo se elevan...

El ocaso tiñó de escarlata
El vellón de las nubes. Las nieblas
De la noche tendieron sus lutos,
Y, cual lirios de luz, las estrellas,
Sus brillantes corolas abrieron
Sobre la hosca aridez de la tierra.
Largo rato admiré pensativo
El fulgor de la noche serena...
Bajo el cielo solemne tendía
El silencio sus alas de seda,
Y cruzó por mi espíritu, errante,
La visión de una virgen angélica.

ROSA DE PECADO

La boca de Krysís es flor maldita,
Sus brazos son serpientes lujuriosas,
Y sus caderas amplias son dos rosas
Que se abren en el templo de Afrodita.

Su desnudez olímpica te incita,
¡Oh, joven! a las noches voluptuosas,
Mas oye: sus caricias venenosas
Podrán dejar tu juventud marchita.

No escuches la canción de la sirena
Que en tu vibrante espíritu resuena,
Mientras el vuelo a tu pasión desatas.

Huye de sus perfumes pecadores:
Que con el beso cruel de sus amores
Dan la muerte sus labios escarlatas.

SENSITIVA

¿Dónde vi el encanto de la blanca joven?
Yo amaba a Mendelssohn, yo amaba a Beethoven.
Ella recitaba versos de Musset.
Y cuando oprimía las teclas su mano,
Como alma errabunda brotaba del piano
Una melodía sollozante y cruel.

Eran luminosos sus cabellos de oro.
Su voz era un canto doliente y sonoro.
Verde su pupila como agua del mar.
Las sienes de lirio, la boca severa,
Rosa de escarlata que sólo quisiera
La boca severa de un poeta besar.

Inmóvil, parecíame estatua hierática,
De perfil angélico, sonrisa enigmática
Y aire de infinita tristeza de amor.
En mi alma ejercía fatal cautiverio.
Sus ojos tenían la luz del misterio
Y tonos de raso su cutis de flor.

Su frente marcaba la cruz del martirio.
Era un alma enferma, era un triste lirio
Nacido en el fondo de un negro jardín.
¿Por qué fue implacable con ella la suerte?
¡Pobre dulce niña del país de la Muerte,
Ligeia adorada de vago perfil!

Escribí estas frases para su álbum triste:
"Los ángeles mueren; la dicha no existe;
Mi espíritu sufre tu duelo de amor.
Flota en nuestras almas hondo desconsuelo.
Tras la tumba oscura está el claro cielo

Donde han de sonreírme tus labios en flor".

Leyó estos renglones con voz de cariño:
Después oprimieron sus dedos de armiño
Las teclas, y el piano comenzó a llorar.
Con su voz divina cantó una romanza:
"Yo soy la Taciturna, soy la Desesperanza.
¡Oh, blanco cisne, entona tu lánguido cantar!".

Extinguido el eco de su melodía,
Me miró la niña con melancolía,
Las pupilas húmedas de aleve dolor.
Yo besé sus manos, sus manos de seda,
Y ella me decía con su voz tan queda:
"¡Qué historia tan triste la de nuestro amor!".

LAS NUBES

Las nubes con sus formas caprichosas,
Revolando impelidas por el viento,
Me hicieron meditar por un momento
En la efímera vida de las cosas.

Al cambiar sus figuras vaporosas
Al empuje del raudo movimiento,
Las creyó el visionario pensamiento
Alas de gigantescas mariposas.

Ora fingen tropel de extraños seres,
Siluetas de fantásticas mujeres
O visiones de un mágico espejismo;

Pórticos de palacios imperiales
O náufragos bajeles espectrales
Errando en la locura del abismo.

ÁGUILAS Y LEONES

Van las águilas negras, las águilas salvajes,
Sobre las altas cumbres con lento revolar,
Con las ásperas alas inmóviles; y el trágico
Ojo sanguinolento como luz espectral.

Las garras formidables de acerados puñales
Se ocultan convulsivas bajo el negro plumón.
Tienen hambre las aves prodigiosas y fuertes,
Hambre de carnes duras de algún bravío león.

Quieren hundir sus picos de bronce endurecido
En las pupilas hoscas del terrible animal,
Y manchar con su sangre sus plumajes vibrantes
En medio del grandioso combate colosal.

Quieren formar sus nidos con melenas de leones
Y de los tigres crueles con la manchada piel...
Van de caza las águilas por los vastos desiertos
Buscando roja sangre para aplacar su sed.

De un lado ven sus ojos las moles de las rocas,
Los violentos oleajes del iracundo mar,
Y del otro contemplan las llanuras ardientes,
Los grandes resplandores del inmenso arenal.

Las sábanas marinas que cruzan las gaviotas
No son campos de guerra para su alto valor,
Porque ellas menosprecian las garzas de alabastro,
Con sus pupilas hechas a desafiar el sol.

Rumbo al blanco desierto que lejos reverbera,
Con poderoso vuelo se miran descender;
Van unidas, y forman sobre el límpido cielo
Un manchón que semeja la sombra de un bajel.

Se oye un sordo retumbo, un tremendo rugido.
Las águilas detienen su pausado volar;
Rápidas y terribles descienden como el rayo
Y el combate comienza sobre el blanco arenal.

Las zarpas y las garras celebran su epopeya.
El desierto resuena de la lucha al fragor;
Vuelan bajo las palmas melenas desgarradas,
Y las uñas de hierro buscan el corazón.

De pronto un doble estruendo hace temblar la tie-
                                        [rra:
Los grandes leones reales cuando van a morir
Lanzan a los espacios un quejido tan hondo
Que conmueve las selvas como un ronco clarín.

Humean las entrañas de las terribles bestias
Que desgarran las águilas con esfuerzo feroz.
Dos aves yacen muertas, con las rígidas alas
Tendidas en la arena junto al cuerpo de un león.

Después del festín regio las águilas salvajes
Hacia las altas cumbres se vieron revolar:
Trágicas las pupilas, los plumajes sangrientos,
Llevando por trofeos de la siniestra lucha
Fragmentos de melenas sus garras de metal.

LOS VIOLINES

"Cajas de almas difuntas".

Me encantan los sollozos de los violines.
De lejos semejan áureos clarines
Que en la guerra sonaran los paladines.
Tienen el ritmo agudo de las cigarras,
O en las tardes alegres, bajo las parras,
El sonoro lamento de las guitarras.

Las almas de los violines son cariñosas;
Saben cosas amables y misteriosas;
Tienen alas ligeras y luminosas.
Conocen el idioma de las neblinas
Y remedan las verdes ondas marinas
Con sus voces vibrantes y cristalinas.

Con sus extrañas notas el alma oprimen,
Y cuando en amargas horas dolientes gimen,
Evocan las visiones de un negro crimen;
O de una remembranza dulce y lejana
Que surgió con las luces de la mañana
Y extinguió en su misterio la sombra arcana.

Ramilletes de ritmos son sus canciones:
Cuando entre los silencios vibran sus sones,
Se estremecen de angustia los corazones.
Ellos hablan de amores vagos e ignotos,
Trayendo a la memoria nombres remotos
De ídolos adorados ha tiempos rotos.

Los violines alegres gritan, retozan,
Cantan el claro cielo, ríen y gozan,
¡Mas los violines tristes cuánto sollozan!
Es a veces monótono su sonido,
Y otras tiene el acento de un gran gemido
Que viene de un lejano bosque de olvido.

¿Qué sollozante ensueño lleno de abrojos
Dio vida a los dolientes violines rojos
Que de lágrimas tristes llenan los ojos?

Símbolo de un sentimiento dulce y vibrante,
Su espíritu quejoso va suspirante
Con el rumor del vuelo de un alma errante.

JERÓNIMO J. REINA

Nació en Tegucigalpa el 7 de diciembre de 1876.

Es hijo del señor General don José María Reina y de doña Raimunda Rosa de Reina.

Hallándose en Juticalpa ocasionalmente, comenzó allá sus estudios de enseñanza secundaria, y vino a concluirlos a Tegucigalpa, donde se graduó en Ciencias y Letras.

Dedicado a la carrera del Derecho, obtuvo en agosto de 1898 el título de Licenciado en Jurisprudencia y Ciencias Políticas, habiéndole conferido poco después el de Abogado la Corte Suprema de Justicia.

En la actualidad (1900) es Juez 2° de Letras suplente de lo Criminal del departamento de Tegucigalpa.

El joven Reina está para publicar una colección de sus poesías.

SÍMBOLO

De excelsa lumbre la conciencia llene
La voz del poeta que a luchar invita;
Sea como una llama que se irrita,
Y como el rayo, resplandezca y truene.

¿Qué le importa la mofa, cuando viene
Del ruin tumulto que a sus pies se agita?
La turba, como es turba, ¡siempre grita!
No se debe callar porque condene.

Hay que cumplir lo que mandó el Destino:
Hay que marchar sobre la tierra ruda
Segando las ortigas del camino.

Hay que echar en los surcos las simientes;
Y con la espada bíblica desnuda,
¡Decapitar de un golpe las serpientes!

Arroje el verso sobre el antro impuro
Y estalle como bólido en su caída;
Fecunde el germen de la nueva vida
Sobre el estuario del pasado oscuro.

Convierta su palabra en un conjuro
Que anime la razón adormecida:
El poeta debe, con la frente erguida,
A recios golpes derribar el muro.

Ser estrella, ser sol, incendio o llama;
Alzarse en medio del vapor que sube
Y en mortíferas sombras se derrama;

Y cuando llegue a lo alto la marea,
¡Romper su nimbo y destrozar la nube
Con la saeta de fuego de la idea!

MÍSTICA

¡Ven! Te daré una lágrima, mi amada;
Solitaria y callada,
Al rodar por mi faz, caiga en tu mano...
Ha secado las fuentes el quebranto,
Mas siempre mana llanto
Cuando se estruja el corazón liviano.

He de estrujarlo, porque broten luego
Las lágrimas de fuego
Que mis grandes dolores producían,
Las que a mi rostro triste no asomaron
Ni mis ojos nublaron
Porque en el mismo corazón caían.

Con el destino encarnizado en guerra
No hallé sobre la tierra
Una tumba querida en qué verterlas,
Ni cruzó por mi senda dolorosa
Una mujer piadosa
Que pudiera en sus labios recogerlas.

Trae ese ramo de ciprés, emblema
De esperanza suprema
Que al través de la tumba se dilata
Y que en los cementerios donde crece
Un amante parece
Que busca al muerto y en sus brazos le ata;

Sobre él el llanto de mis ojos fluya,
No temas que destruya
Marcando al caer envenenada huella;
Deja que surque mi mejilla ardiente,
La gota transparente
Sobre el ramaje formará una estrella.

¡Estrella de la lágrima! En la vida,
Cada gota vertida

Como aurora magnífica ilumina,
Porque el dolor es luz radiante y pura;
Mas la semilla oscura
Sin llanto vive, pero no germina.

Quiero que dejes, con el lloro mío,
Ese ramo sombrío
Sobre el sepulcro de tu madre amada,
Y que allí te arrodilles... Cuando al cielo,
Alce el místico vuelo,
Convertida en plegaria tu mirada,

Sentirás que te envuelve y que te oprime
La caricia sublime
De todos los amores inmortales,
Y que vibran las notas a tu lado
De un cántico formado
Con rumores y arrullos celestiales.

Al extinguirse la oración, coloca
Las rosas de tu boca
Sobre el ciprés, y el llanto se convierta
En estrella de amor inextinguible
Que ilumine apacible
El hermoso semblante de la muerta.

También mi madre, que murió, ya espera
Mi caricia sincera:
Recógela en mi labio, amada mía;
Su pobre pequeñez no te sorprenda,
Como más pura ofrenda
Una sonrisa el corazón le envía.

Por el fuego de amor purificada
Y envuelta en tu mirada,
Como oración también hasta ella llegue.
Y cuando implore tu alma candorosa
Y una lágrima hermosa
Tus entornados párpados anegue,

Con mis palpitaciones confundido,
Algo desconocido
Sentiré que en mi idea se incorpora.
Será mi madre que escuchó tu acento,
Su purísimo aliento
Que desciende a mi espíritu y te adora.

¡Ven! En mis labios el amor destella,
Y ya se alza la estrella.
Amor y luz en cirios se conviertan,
Y del cariño inmaculado y puro
En el santuario oscuro
Sus inefables claridades viertan.

Abra sus alas la Pasión eterna,
Y cariñosa y tierna
Nos cubra con celeste regocijo,
Tal como tiende diamantino manto
El Espíritu Santo
Sobre el Padre inmortal y sobre el Hijo.

LA PROFECÍA

AL LIC. RÓMULO E. DURÓN

¡Noche azul, plácido ambiente!
La luna, blanca y callada,
Derrama su luz plateada
De Babilonia en la frente.
Allá, lejos, la corriente
Del Éufrates majestuoso,
Deslizándose medroso
De Baltasar por los lares,
Entre los soeces cantares
De un festín escandaloso.

La enorme torre de Belo,
Cual centinela gigante,
Se dibuja amenazante
En el espejo del cielo.
Tan sólo en extinto vuelo,
Del palacio ninivita
Parte la orgiástica grita
Que ya en los aires semeja
Un alarido, una queja,
¡O una blasfemia maldita...!

Y en aquel festín brillante,
El choque claro y sonoro
Que vibran las copas de oro
Llenas de vino espumante.
Loco de amor, delirante,
Baltasar con sus mujeres,
No se acuerda en sus placeres
Que rey asirio nació,
Y en la molicie olvidó
Su dignidad, sus deberes.

¡Pero entre tanto ruido,
Una mano misteriosa
Va trazando silenciosa
Signo fatal, no sabido!
Habla el rey, enfurecido,
Tímido al par y altanero:
"Venga el más sabio agorero,
Que este diabolismo aclare;
Mane —grita— *Thecel, Phares*,
Ved cómo dice el letrero".

¡Y los grandes se estremecen,
Y callan las cortesanas;
Las meretrices livianas
De blanca cera parecen!
Sobre el muro resplandecen
Con fulgor siniestro y grave

Los signos de aquella clave
Que anuncian la pronta caída
De la ciudad corrompida
Que su destino no sabe.

Afuera, al alba que asoma,
En victoriosa balumba,
Se está cavando la tumba
De la moderna Sodoma.
Ya el imperio se desploma
De Nabucodonosor.
Lleno de orgullo y furor,
Ya Ciro llega a sus puertas,

¡Y están las torres desiertas,
Sin defensa y sin honor!

En tanto, en la real morada,
Daniel, el judío austero,
Va descifrando severo
Aquella frase sagrada:
"Thecel: por Dios fue pesada
Tu justicia, hallóla poca;
Phare: al medo le toca
El dominio de tu Estado;
Mane: el cielo ha señalado:
¡Fin a tu existencia loca!".

Después... el persa que aterra
De Nitocris el palacio,
Llenando el callado espacio
Con su algazara de guerra.
Hace que tiemble la tierra
Aquel extraño clamor;
Y entre espasmos de dolor
Agoniza el gran imperio,
Que mantuvo en cautiverio
Todo el pueblo del Señor.

MORISCO

A Froylán Turcios

Vierte el sol su lumínico tesoro
a través de las rejas con recato,
bañando de fantástico aparato
los altos biombos de chinesco doro.

En los árboles pebeteros de oro
arde el incienso con perfume grato
y entre ricos cojines de brocato
dormita triste y fatigado el moro.

Se alza un portier; asoma una cabeza
que se inclina ante el amo silenciosa,
un eunuco tal vez que con tristeza.

Anuncia la odalisca; y presurosa,
una mujer de sin igual belleza
lleva al Sultán su desnudez de diosa.

A LOS MATERIALISTAS

Romped el cráneo y estrujad los sesos,
Abrid el corazón, buitres humanos,
Sólo hallaréis vil carne de gusanos,
Sangre corrupta y amarillos huesos.

En los despojos buscaréis impresos
Del Almo Ser los rastros soberanos;
Mas sólo quedarán en vuestras manos
Informes trozos de materia, opresos.

El alma es una chispa desprendida
Del fuego eterno que con Dios fulgura,
Que en nuestro cuerpo de miseria anida;

Pero indurable y frágil la envoltura,
Al tocar en su límite la vida,
Vuelve al foco inmortal, torna a la altura.

¡SÁLVAME!

Yo sólo sé dudar, porque mi vida
Ha sido un víacrucis de amargura:
Muere la fe cuando el dolor tortura
Y abre de nuevo la olvidada herida.

Extirpa el mal que en mi conciencia anida,
Y enséñame a creer; que tu ternura
Se alce de mi alma en la tiniebla impura
En amor y esperanza convertida.

Soy como un extraviado peregrino,
Perdido en el desierto de su pena,
Y a ti me acojo porque en ti adivino

Algo de aquella fe celeste y buena
Que iluminó al incrédulo Longino
Y redimió a la impura Magdalena.

RAFFINEMENT

De Amado Nervo, en francés

VERSIÓN

Si algún día pudiera, emocionada,
mi boca desflorar tu boca pura,
urna de amor divino saturada,
donde la hostia eucarística y sagrada
en el cuerpo de Dios se transfigura;

Si pudiera la sed que me devora
apagar en tu labio purpurino,
que se tiñó en la sangre redentora,
cuando, lleno de fe consoladora,
besó las llagas de Jesús divino;

Y si al amparo del altar pudiera,
cuando levanta la oración el vuelo,
murmurar: "¡Yo te amo!" y que subiera
con mi espíritu el canto, y se fundiera
la voz de mi pasión con la del cielo;

¡Fuera feliz! El alma embebecida,
como novicia extática ante el ara,
despreciando la turba corrompida
que al sacrílego amor sólo convida,
¡oh monja, esposa ideal, cuánto te amara!

A VIRGINIA

Sé tú la estrella que, al rasgar el velo
de locura y dolor que me rodea,
me hagas amar y bendecir el cielo;
levántate en el antro de mi duelo
con fulgores de fe para que crea.

Tengo sed de esperanza y de pureza,
tengo ansia de creer y de ser bueno;
pero el dolor agobia mi cabeza
y, como áspid maligno, la tristeza
va vertiendo en mi alma su veneno.

No me culpes si voy hasta el abismo,
y a sus bordes el vértigo me acosa;
ha estallado en mi pecho un cataclismo,
y, empujada por torpe fatalismo,
es mi alma una ola que jamás reposa.

Asido a una esperanza que se agota,
al fulgor de una luz que se consume,
me hundo en el mar como la nave rota,
sin que la racha ciega que me azota
siquiera me traiga tu sutil perfume.

Mas, sin embargo, te persigo y te amo,
y a través del capuz de mi locura,
veo que te aproximas y te llamo.

Casta Beatriz, la hoguera en que me inflamo
no abrasará tu blanca vestidura.

Mi alma tu santo advenimiento espera.
¿Quién vendrá si no llegas, amor mío?
¿Quién atará mis manos cuando muera?
¿Quién será la piadosa compañera
que acoja el corazón muerto de frío?

EN LA ESCUELA

Perdida entre la sombra la mirada
En expresión doliente;
Bajo la augusta bóveda enarcada
Con el ánima triste y angustiada
Una chispa de luz, busca el creyente.

Y a los bordes del ara diamantina
Al pie de la hostia santa,
Mientras la fe su espíritu ilumina
La súplica pristina
Convertida en plegaria se levanta.

El que en silencio su dolor devora
La redención de su dolor alcanza,
Que para toda noche hay una aurora

Y en el alma que implora
Surge envuelta en mil iris la esperanza.

¡Esperanza inmortal sublime anhelo
de un más allá, de indefinible dicha
santísima promesa,
a la que eleva el cielo
desde el antro sin luz de la tristeza,
inextinguible faro que abrillanta
y el velo esparce de la duda fría
como las nieblas de la noche espanta
la claridad del día!

El néctar bendecido del consuelo
En su seno magnífico atesora;
Ella la redentora
De los pesares despedaza el velo:
¡La esperanza es aurora!

Hay un templo: la escuela. En su recinto
De soberbia y de pompa despojado
Sólo un himno ha sonado,
Tan sólo una armonía:
El himno del progreso que resuena
Como el saludo de Natura al día
Cuando el espacio ilimitado llena.

Qué pobre es el santuario y qué sencilla
La soberana Diosa;
Empieza el sacrificio,
El espíritu llega, se arrodilla,
Y cuando el sacerdote de sus manos
La comunión ofrece,
Aureola esplendorosa
Sobre la plata de sus canas brilla,
Y el templo resplandece.
Entonces la conseja salvadora
De la Sibila augusta

En lumínicas frases se desprende;
Huye la sombra adusta
Y otra fe bienhechora
Al fondo del espíritu desciende.
Es el verbo, es la fuerza, es el aliento,
Es la llama esplendente de la idea
Que crece y se agiganta,
Y abrasando el dormido pensamiento
En sus alas flamígeras levanta.
Es el grito genésico y fecundo
Que de.la nada crea,
La aparición del mundo,
El sol que centellea,
La luz que reverbera
Y el vasto seno del caos inflama,
La claridad primera
¡Que en átomos brillantes se derrama!

Del santuario de Dios cabe la puerta
Halla luz la conciencia;
No hay altares aquí, pero hay creencia
Y un culto soberano que despierta,
¡La pobre inteligencia!
Estamos en el templo y entretanto
Humea el incensario
Al alzar hacia el cielo el vaso santo;
Que se abra el Silabario
Y se preludie el canto.
Que venga la niñez pura y hermosa
Y en su alma inmaculada
La diosa del saber, Minerva bella,
Su imagen luminosa
Con un golpe de luz deje grabada.

Es el alma una lira
Con clave de sublimes armonías:
El dolor que suspira,
Las locas alegrías,
El hosanna inmortal de la esperanza,

La maldición o la ira,
Para todo en sus cuerdas hay acento,
Carcajada o lamento,
Imprecación valiente o alabanza.

Que venga la enseñanza prodigiosa,
Y haga vibrar las notas adormidas.
En cántiga tranquila y sonorosa
La melodía suene,
Y el horizonte de la patria llene.
¡Que florezca fecundo el pensamiento,
Que broten las creaciones
De la idea feliz y el sentimiento,
Que se rasguen las sombras proditoras,
Y mostremos al mundo por blasones
Los triunfos inmortales del talento!

NOTA

Escogí para mis composiciones el lugar donde se hallan, no porque abrigue la pretensión de que sean superiores a las que van después de ellas, sino porque con Ramón Reyes y Miguel A. Fortín, que me preceden, me ligaron estrechas relaciones de amistad y compañerismo, siendo los tres inseparables casi, hasta el momento en que les tocó a ellos, obligados por la persecución de un Gobierno, abandonar el suelo nativo.

Reyes muerto, Fortín ausente de la patria; que en estas páginas queden unidos nuestros nombres y nuestros trabajos, como estuvieron unidos nuestros corazones y nuestras almas durante los mejores años de la juventud, cuando hacíamos nuestros estudios, cuando comenzábamos nuestra labor literaria, cuando recibíamos las enseñanzas de José Joaquín Palma, cuando nos entreteníamos en leer juntos las obras maestras de la literatura, ora en el cuarto de estudio de cualquiera de los tres, ora a las orillas del Guacerique, a la luz de las doradas tardes de abril o de las melancólicas de noviembre; cuando, para ejercitarnos en la composición, escogíamos los mismos temas; cuando era cada uno de nosotros, como dijo el bardo:

> "Corazón en primavera,
> Llama que sube a los cielos";

y cuando, por fin, la política apasionada de un Gobernante vino a herirnos a todos sin motivo.

RÓMULO E. DURÓN

9 de marzo de 1899.